VLADIMIR

ENCIENDA EL FUEGO

CÓMO SUPERAR TORMENTAS, REVESES Y ATAQUES ESPIRITUALES

Es fácil reconocer a alguien que camina en la sabiduría del cielo porque su vida y sus palabras son "puras, pacíficas, amables, abiertas a la razón, llenas de misericordia y de buenos frutos, imparciales y sinceras" (Santiago 3:17). He descubierto que Vlad es una persona así y estoy profundamente agradecido por su voz en esta hora. Personalmente, me sentí renovado y animado al leer *Encienda el Fuego*. Creo que este libro fortalecerá en gran medida y recentrará a cualquiera que esté caminando a través de una temporada desafiante. Pero incluso si esta no es su situación actual, las pruebas y persecuciones están prometidas en esta vida, y creo que este libro lo preparará y equipará para enfrentar cualquier tormenta que se avecine y podrá soportarla mientras se mantenga ardiendo por Jesús.

Jeremy Riddle
Líder de adoración, Autor y Compositor

En Filipenses 3, el apóstol Pablo arrancó la motivación central de su vida, y desde lo más profundo de su corazón, clamó: "A fin de conocerle, y el poder de Su resurrección, y la participación de Sus padecimientos". Toda la vida de Pablo consistió en descubrir a Dios en cada etapa, por difícil que fuera. Esta revelación se ha perdido en esta generación, pero estoy muy agradecido con mi amigo Vlad Savchuk y con su nuevo libro, *Encienda el Fuego*. Lo que Vlad comparte en este libro nos llama de vuelta a la visión de Pablo de presionar a través de sufrimientos y reveses y continuar ardiendo por Jesús. Dios ha levantado a Vlad para un momento como este, para guiar a una generación hacia el fuego de un corazón ardiente. Este libro es un gran regalo para todos nosotros.

Corey Russell
Autor y Conferencista Internacional

Hemos llegado a un punto en la historia de la humanidad en el que la cultura occidental se está degradando y alejando rápidamente, no sólo de la iglesia, sino del propio Jesús. *Encienda el Fuego* es un manual muy necesario para que los creyentes mantengamos nuestros corazones no sólo vivos, sino ardiendo de amor y devoción a Jesús a través de la más oscura de las noches.

Joel Richardson, Profesor y Autor de
libros superventas del NYT

ÍNDICE

Prólogo

E ste es un libro serio para lectores serios que viven en estos tiempos serios, escrito por un hombre que se toma en serio las cosas de Dios. Y aunque está lleno de observaciones útiles y citas breves, concisas, no es nada ligero, ya que proporciona un camino *a través* de los problemas en lugar de una manera de escapar de todas las adversidades y dificultades. Como decían Pablo y Bernabé, "es necesario que a través de muchas tribulaciones entremos en el reino de Dios", por ello "confirmando los ánimos de los discípulos, exhortándoles a que permaneciesen la fe" (ver Hechos 14:22). En resumen, este es un libro para personas realistas que desean respuestas reales a los desafíos reales de la vida en este mundo tan real.

Lo que más disfruté de la lectura de este libro fue conocer a Vlad por sí mismo, ya que aún no nos hemos visto cara a cara ni hemos estado juntos en ningún servicio. ¿Quién es el verdadero Vlad Savchuk? Algunos me han advertido que me mantenga alejado de él, asegurándome que está obsesionado con los demonios y que no es de fiar. Otros hablan de él en términos más elevados como de un verdadero hombre de Dios. A medida que lo conozca mejor, ¡podré contarles más!

Pero lo que sí puedo decirles es que el autor de este libro tiene mucho que dar, no a partir de teorías o especulaciones, y no simplemente tomando prestado de otros. Por el contrario, este libro proviene de la experiencia personal de vida, de años de desear las cosas de Dios, de años de atravesar pruebas, de lecciones aprendidas de la manera difícil. Y cuando Vlad cita a otros, cita a pesos espirituales de gran talla, a personas que comprendieron el significado de la cruz. ¿Qué otra cosa puede ayudarnos a atravesar los valles y salir victoriosos? ¿Qué más puede recordarnos que, por encima de todo, Dios quiere conformarnos a la imagen de su Hijo?

Mi anécdota favorita se remonta a los primeros años del ministerio de Vlad, cuando, después de las horas de trabajo, él y sus colegas de la iglesia se colaban sigilosamente (¡e ilegalmente!) en el edificio que alquilaban para los servicios, con cuidado de no molestar al pastor (que era el propietario del edificio y vivía al lado) para poder orar toda la noche. Puedo identificarme con este tipo de celo juvenil, aunque estoy agradecido de que mi primer pastor estuviera encantado de darnos una llave del edificio de nuestra iglesia cuando queríamos orar toda la noche. Sin embargo, es este tipo de pasión y devoción la que puede convertirse en hambre de por vida, el tipo de hambre que lo lleva a profundizar más en Dios. Abandonar, tirar la toalla o transigir no es una opción.

Oro para que usted encuentre nueva inspiración, ánimo, exhortación y sabiduría al leer este libro y para que, no sólo aprenda a encender el fuego, sino que usted mismo se convierta en un fuego. Citando a Smith Wigglesworth (1859-1947), "La gran fe es el producto de grandes luchas. Los grandes testimonios son el resultado de grandes pruebas. Los grandes triunfos sólo pueden surgir de las grandes tribulaciones". Y esto: "Oh, si Dios tiene Su camino, deberíamos ser como antorchas, purificando la atmósfera misma dondequiera que vayamos, haciendo retroceder las fuerzas de la maldad". ¡Que así sea!

Dr. Michael L. Brown
Autor, Conferencista Internacional,
Presentador de Line of Fire Broadcast

Introducción

Dios quiere reavivar el fuego en su corazón! Cuando su corazón está ardiendo, usted irradia pasión y entusiasmo; tiene celo por el Señor y toma medidas decisivas. Me gusta comparar nuestros corazones con una chimenea ya que están destinados a arder. Lamentablemente, la chispa de la llama está ausente en los corazones de muchos creyentes, dejando solo las cenizas de los recuerdos del pasado, de los buenos viejos tiempos. El fuego de ayer se convirtió en las cenizas de hoy. No podemos vivir del maná de ayer porque se infesta de gusanos. Las cenizas son una señal de que el fuego se extinguió. Nos recuerdan lo buenas que eran las cosas antes.

Cuando algo está en llamas, está caliente y quema. Cuando no hay fuego, mucha gente se enfría y sus corazones se convierten en un bote de basura donde se acumulan todas las ofensas, amarguras y pensamientos erróneos. Si usted recuerda cuánto solía amar a Jesús más que hoy, entonces se ha vuelto tibio e incluso apóstata. Recuerde, su corazón fue hecho para llevar el fuego, no para llevar las cenizas. Si su corazón no está ardiendo por Dios ahora, ¿no será entonces que se está enfriando? ¿O se ha vuelto tan frío y pasivo que se ha convertido en un salvado congelado? Bueno, la buena noticia es que usted puede volver a arder. Jesús le dijo a la iglesia de Laodicea: *"sé, pues, celoso, y arrepiéntete"* por ser tan sólo tibia (véase Apocalipsis 3:19). Esa es una orden.

Al describir los signos de los tiempos y el fin de esta era, Jesús dijo: *"Y por haberse multiplicado la maldad, el amor de muchos se enfriará"* (Mateo 24:12). Esto es lo que estamos presenciando a nuestro alrededor en estos últimos días: el aumento de la anarquía, el declive del amor y la bondad. Los dilemas están por todas partes. La verdad se ha vuelto sólo relativa, no absoluta. La matanza de bebés en el vientre materno se ha convertido en una elección y supuestamente en un derecho. El género se ha convertido en algo que una persona puede decidir por sí misma en lugar de descubrir su verdadera identidad. El suicidio y la depresión entre los adolescentes se han convertido en algo común y aceptado como la nueva norma. La brujería y las creencias de la Nueva Era se han convertido en la nueva tendencia. El mundo se está volviendo loco, lo cual ya no es una sorpresa.

Jesús nos advirtió que el amor de muchos se enfriará; lo que significa que ya no arderán por Dios. Esa es una mala forma de crecer, el crecer en la dirección equivocada. Lo interesante es que enfriarse es un proceso. Volverse cada vez más frío hacia Dios es un problema serio. No sucede de la noche a la mañana.

Dios dijo: *"Yo conozco tus obras, que ni eres frío ni caliente. ¡Ojalá fueses frío o caliente"* (Apocalipsis 3:15). Dios desea que estemos ardiendo y nos mantengamos calientes. En realidad, tiene mucho sentido, ya que Dios es un fuego consumidor y nos creó a Su imagen y semejanza (véase 1 Reyes 18:24 y Génesis 1:26). La primera vez que Dios se apareció a alguien en las Escrituras, tomó la forma de un horno humeante y una antorcha de fuego (véase Génesis 15:17). La Palabra de Dios también es como un fuego (véase Jeremías 23:29). Jesús es el Bautizador con fuego y con el Espíritu Santo (véase Mateo 3:11). El Espíritu Santo cayó sobre los seguidores de Jesús como lenguas de fuego (véase Hechos 2:3). Dios hace de sus ángeles ministradores una llama de fuego (véase Hebreos 1:7).

Durante siglos, el fuego se utilizó para calentar, iluminar, cocinar, dar forma al metal, hacer ofrendas, deshacerse de residuos, como herramienta en la lucha, etc.

El fuego da calor. Lo calienta a usted y a todo lo que le rodea.

El fuego ilumina. Como cristiano, usted está llamado a ser una luz para el mundo. ¿Puede ser la luz si falta su fuego?

El fuego purifica. El fuego de Dios en usted purifica sus motivos, quemando las malas intenciones y el orgullo.

El fuego se propaga. Cuando usted arde por Jesús, los que le rodean se verán afectados. Su llama calentará a otros y encenderá una llama dentro de ellos también.

El fuego se puede apagar. Pablo nos advierte de no apagar el Espíritu Santo (véase 1 Tesalonicenses 5:19). Lamentablemente, algunas personas se han convertido en bomberos en lugar de iniciadores del fuego.

El fuego necesita combustible. Si no pone leña en su altar todos los días, el fuego no arderá.

El fuego produce humo. Cuando su vida está ardiendo por Dios produce crítica, atrae persecución y oposición.

Jesús dijo que ser un siervo fiel en estos últimos días requiere que su lámpara esté encendida: *"Estén ceñidos vuestros lomos, y vuestras lámparas encendidas"* (Lucas 12:35). No debemos quedarnos sin aceite, ni perder nuestro fuego como aquellas cinco vírgenes insensatas (véase Mateo 25:1-4). Dios quiere que Sus brasas de fuego toquen nuestros labios como lo hizo con Isaías para que nuestro mensaje sea profético para nuestra generación, ungido y con convicción (véase Isaías 6:6-7). Sin carbones encendidos tocando nuestros labios, no somos más que oradores motivacionales en lugar de predicadores ungidos del Evangelio eterno. Para que haya fuego en nuestros labios, el fuego debe caer en nuestros aposentos personales de oración. Cuando Salomón oró, el fuego de Dios descendió. Cuando Elías oró, el fuego de Dios descendió (véase 1 Reyes 18:38). Nuestra vida de oración es donde ese fuego se enciende y comienza a extenderse a todo lo demás en nuestra vida.

Estamos viviendo en los últimos días en los que Dios quiere encendernos como Sansón encendió fuego a las colas de las zorras y las envió a los campos de los enemigos filisteos (véase Jueces 15:4-5). Esas zorras llevaban fuego y quemaban todo a su paso. Jesús dijo que señales y prodigios seguirán a los que creen (véase Marcos 16:17). Las señales, los milagros y la gloria de Dios están en ese fuego. Debemos llevarlo para dejar una marca permanente en esta generación.

Si usted se ha enfriado y se ha vuelto pasivo en su relación con Dios, oro para que el Espíritu Santo a través de este libro derrame un poco de gasolina santa en su corazón para que vuelva a arder. Si está desanimado, ha naufragado y se ha agotado, no se rinda. El Señor quiere encenderle de nuevo. Él lo ama mucho. Creo que Él hará precisamente eso mientras usted lee este libro. Cuando los discípulos caminaron y hablaron con Jesús de Jerusalén a Emaús, sus corazones se encendieron (véase Lucas 24:13-35). Lo mismo puede sucederle a usted. Al leer cada capítulo, el Espíritu Santo encenderá un amor y una devoción más fuertes por Él. Permítale restaurar la pasión que perdió. No sólo eso, sino que Él quiere darle herramientas prácticas sobre cómo seguir ardiendo por Él y no consumirse. Cuando los dos discípulos recuperaron el fuego, regresaron a Jerusalén, de donde habían venido. Eso sucede cuando usted recupera su fuego; vuelve a hacer las cosas que solía hacer cuando tenía su primer amor (véase Apocalipsis 2:4,5).

Este libro *Encender el Fuego* le enseñará cómo vivir una vida en llamas para Dios; cómo elevarse como un águila mientras enfrenta tormentas y naufragios; cómo permanecer en llamas a pesar de las mordeduras de serpiente; y cómo no enfriarte ante las dificultades y la creciente anarquía. Explorará el inquietante viaje de Pablo a Roma, donde soportó malos tratos, dificultades y reveses. Aprenderá cómo otros hombres de Dios que nos precedieron manejaron las calamidades, la persecución, las dificultades y las mordeduras de víboras. Ellos supieron permanecer fieles, ¡y usted también puede! Se levantaron de sus tormentas, ¡y usted también puede hacerlo! Mantuvieron el fuego encendido, ¡y usted también puede! Experimentaron a Dios a un nivel más profundo, ¡y usted también puedes hacerlo! Recuerde, tenemos toda una nube de testigos que terminaron su carrera, animándonos y compartiendo sus testimonios con nosotros.

> *Por tanto, nosotros también, teniendo en derredor nuestro tan grande nube de testigos, despojémonos de todo peso y del pecado que nos asedia, y corramos con paciencia la carrera que tenemos por delante, puestos los ojos en Jesús, el autor y consumador de la fe, el cual por el gozo puesto delante de Él sufrió la cruz, menospreciando el oprobio, y se sentó a la diestra del trono de Dios*
>
> (Hebreos 12:1-2).

CAPÍTULO I

El Dolor de la Persecución

Philip Sinyuk nació en 1899 en el oeste de Ucrania. En su juventud, llegó a creer en Cristo. Se casó y tuvo seis hijos. En la década de 1940, cuando los nazis ocuparon su tierra natal, se enfrentó a una decisión: huir y esconderse en el bosque o quedarse en el pueblo donde vivía. Mientras buscaba la dirección de Dios, durante la oración recibió la profecía de que dondequiera que fuera, Dios lo protegería. Así que decidió quedarse en el pueblo, y Dios le brindó protección a él y a su familia. A los nazis alemanes no les importaba qué fe practicaba, siempre que se mantuviera fuera de su camino.

Poco después, el ejército alemán se marchó y llegaron los soviéticos acosando a los cristianos por creer en Dios. Interrumpían las reuniones de las iglesias, arrestaban y multaban a los creyentes. Durante un servicio religioso, cuando Philip estaba predicando, un agente soviético se le acercó, le puso una pistola en la espalda y lo sacó de la escena. Philip fue detenido y condenado a diez años de prisión. Su delito fue predicar y negarse a afiliarse al partido comunista. El régimen soviético consideraba a los protestantes como agentes extranjeros occidentales y traidores a su régimen.

Dejando atrás a su mujer y sus seis hijos, Philip pasó años trás las rejas. Su esposa enviaba galletas y harina a la prisión. Philip compartía esas galletas con los demás presos y ponía la harina en su plato de sopa, ya que la única base que tenía la sopa era agua. Philip estuvo encarcelado por cinco años y luego fue puesto en libertad anticipadamente. Sin embargo, la hostilidad hacia los cristianos no cesó. Un día, mientras Philip caminaba por la calle con su amigo Gnat, unos oficiales soviéticos en esa aldea, que iban en un carruaje tirado por caballos, se les acercaron y les ofrecieron llevarlos de manera persuasiva.

Lo siguiente que se supo fue que los hombres que iban en aquel carruaje empezaron a golpear a Felipe y a Gnat mientras los caballos galopaban. Gnat consiguió saltar y corrió hacia el campo. Felipe, al saltar para escapar, se atascó el pie entre los tablones de madera del carruaje. En lugar de detener al caballo para ayudarle a soltar el pie, siguieron adelante mientras su cuerpo y su cabeza colgaban en el camino. El carruaje lo arrastró durante mucho tiempo mientras los trabajadores locales del campo observaban a la distancia. Sin embargo, los hombres que iban en el carruaje no detuvieron la paliza. Siguieron dándole latigazos mientras era arrastrado indefenso por la carretera.

Al cabo de un rato, se detuvieron y lo dejaron en un hospital cercano. Philip sufrió una conmoción cerebral y muchas otras lesiones en la cabeza y el cuerpo como consecuencia de aquel maltrato. Debido a la gravedad de sus lesiones, el personal del hospital tuvo que denunciar el caso a las autoridades superiores, que abrieron una investigación. Sin embargo, los trabajadores del campo que presenciaron los abusos fueron amenazados para que guardaran silencio. Philip se negó a presentar cargos y los perdonó, entregándolos en manos de Dios. Cinco años después, en 1964, Philip murió a la edad de sesenta y cinco años.

Philip era mi bisabuelo. Su historia me fue transmitida por su segunda hija menor, María, que es mi abuela. Mientras escribo este libro, mi abuela sigue viva. Ella creció durante una época ardua de hambruna, persecución y penurias. Tiene dieciséis hijos (todos de un marido, por cierto) y muchos nietos y bisnietos. Es una cristiana fiel y ardiente, incluso en su vejez.

El Poder Viene con la Persecución

El apóstol Pablo fue predicador, misionero y escritor de dos tercios del Nuevo Testamento. Era judío y tuvo una experiencia de conversión radical. Pablo se convirtió en cristiano en el año 33 d.C., lo que lo lanzó a un ministerio que abarcó treinta y cinco años, hasta su muerte en el año 68 d.C. El Señor escogió a Pablo para ser usado como vaso suyo para predicar a los gentiles, a los reyes y a los hijos de Israel. Sin embargo, este llamado también significaba que sufriría por causa del nombre de Jesús (Hechos 9:10-18).

Pablo fue utilizado por Dios de una manera poderosa, pero también sufrió mucho. Este gran apóstol experimentó encarcelamientos por falsedades, palizas, apedreamientos, problemas en tierra y mar, pobreza y mucho dolor. Sin embargo, se jactaba de sus sufrimientos como si fueran logros. Para él, el sufrimiento y la persecución no eran señales de que algo iba mal; eran señales de que estaba haciendo algo bien. Eran el cumplimiento de las palabras que Jesús le había dirigido. Era el precio que tenía que pagar para cumplir el propósito de Dios. Para Pablo, el ministerio era un llamado, no una elección de carrera. No se trataba de los beneficios, sino del precio.

El poder y la persecución suelen ir juntos de la mano. Uno puede conseguir popularidad y nunca sufrir persecución. Uno puede obtener prosperidad y evitar la persecución. Pero el verdadero poder de Dios que sacude las puertas del infierno atrae oposición y persecución. Permítame decirlo de nuevo: El poder real y puro del Espíritu Santo que fluye a través de vasos rendidos atrae persecución. Jesús advirtió a Sus discípulos, incluso cuando salían en viajes misioneros bajo Su supervisión, que eran enviados *como corderos en medio de lobos* (Lucas 10:3). "Corderos" en el sentido de que estamos llamados a tener un carácter de humildad mientras el mundo imita al lobo, cuya naturaleza es la de un depredador. Somos corderos; somos la presa del mundo y objetivos de la persecución por parte de personas religiosas, del gobierno, de la sociedad e incluso de nuestros propios familiares incrédulos (Mateo 10:17-22). Sin embargo, no es así como la mayoría de nosotros vemos el ministerio cristiano. La gente puede pensar que ser usado por Dios significa que tendrán un estatus de organización sin fines de lucro, un personal, un salario e invitaciones para hablar en grandes conferencias. Es posible que escriban algunos libros, inicien un canal de YouTube, vendan cursos, y tengan un perfil verificado en Instagram. La gente piensa a veces, que ser un vaso de Dios y hablar a los reyes y a las naciones equivale a popularidad y prosperidad. Por favor, comprenda, Jesús le dijo a Pablo que hablar a los reyes y las naciones vendría con persecución y dolor. De hecho, Pablo habló a los reyes y líderes nacionales como un prisionero atado con cadenas.

La Promesa de la Persecución

Es importante destacar que cuando la Biblia habla de persecución, se refiere a las dificultades soportadas por causa de Jesús, no por causa de nuestro pecado. Algunas personas desarrollan un complejo de persecución, tratando cada ataque y malestar como persecución. Tal vez sea porque algunos de nosotros todavía estamos llenos de ego, arrogancia, pereza y malos hábitos. Por lo tanto, somos castigados, no perseguidos. Tenemos que tener mucho cuidado de no sacar las Escrituras fuera de contexto y consolarnos en nuestros compromisos cuando, en realidad, deberíamos estar arrepintiéndonos.

Persecución es cuando sufrimos por causa de la justicia (1 Pedro 3:14), por vivir piadosamente (2 Timoteo 3:12), por el reino de Dios (2 Tesalonicenses 1:5), por ser cristianos (1 Pedro 4:16), y a causa de Cristo (Filipenses 1:29). Sufrir por decisiones estúpidas no es persecución. Quiero señalar que José estuvo en la cárcel porque *huyó del* pecado sexual, pero Sansón estuvo en la cárcel porque *corrió con el* pecado sexual. Ambos hombres estuvieron en la cárcel, pero por razones muy diferentes. José fue acusado falsamente, mientras que Sansón se merecía todo lo que se le venía encima porque era un mujeriego (véase Génesis 39 y Jueces 16).

La palabra "persecución" en hebreo tiene su origen en los verbos "perseguir" y "guardar rencor". Es la idea de que alguien lo persigue a usted para infligirle dolor. En otras palabras, es una mala intención para causar maltrato. Jesús mencionó tres formas de opresión: la persecución, la injuria y el que se hable mal de uno.

> *Bienaventurados sois cuando por Mi causa os vituperen y os persigan, y digan toda clase de mal contra vosotros, mintiendo*
>
> (Mateo 5:11).

"Persecución" habla de ataques físicos; "injurias" habla de insultos personales; y "toda clase de maledicencias" es la falsedad que se difunde sobre nosotros.

El abuso físico es la versión más extrema de la persecución. Permítame recordar que Jesús sufrió físicamente a través de flagelos, golpes, y la crucifixión. Un año después, Esteban fue apedreado hasta la muerte a las afueras de Jerusalén. Pedro fue crucificado cabeza abajo durante la persecución de Nerón. Andrés murió en una cruz. Santiago, el hermano menor del Salvador, fue arrojado desde el pináculo del templo y luego golpeado hasta la muerte con un garrote. A Bartolomé le arrancaron la piel mientras estaba vivo. Santiago, el hijo mayor de Zebedeo, fue decapitado. A Tomás, el que dudó, le atravesaron el cuerpo con una lanza. Felipe fue colgado de una columna. A Tadeo lo mataron a flechazos. Simón murió en una cruz. La tradición dice que Juan es el único que murió de extrema vejez en Éfeso, no sin experimentar una severa persecución durante su vida.

La tortura física, ya sea para castigar a una persona por su fe o para obligarla a renunciar a ella, era bastante común en la Iglesia primitiva y todavía lo es en algunas partes del mundo. Según la Lista Mundial de la Persecución 2022 de Puertas Abiertas,[1] el año pasado hubo más cristianos detenidos o asesinados por su fe, y se cerraron más iglesias, que el año anterior. A lo largo del año pasado, más de 360 millones (es decir, uno de cada siete creyentes de todo el mundo), experimentaron altos niveles de persecución y discriminación. Según los informes, 5.898 cristianos fueron asesinados por su fe. En promedio, más de dieciséis creyentes son asesinados cada día por seguir a Cristo.

El abuso verbal y emocional es otra forma de persecución. Ser injuriado es ser insultado verbalmente, calumniado, burlado, condenado al ostracismo y marginado. Junto con esto está la tercera forma de persecución: que se hable falsamente de todo tipo de mal contra usted – siendo falsamente acusado, criticado y discriminado. Las agresiones verbales y las falsas acusaciones no son algo nuevo para los creyentes. Jesús también experimentó todo eso. Los líderes religiosos llamaron a Jesús glotón, borracho y endemoniado. Fue acusado falsamente y agredido verbalmente. Y al igual que Jesús, sus seguidores a menudo experimentan el mismo trato.

Aprenda a Soportar la Persecución, no Sólo a Disfrutar de la Vida

Hay una abundancia de enseñanza hoy en día sobre cómo disfrutar de la vida y más abundantemente. Hay escasez de enseñanzas sobre cómo soportar la persecución, la injuria y que se hable mal de nosotros falsamente. Se dice de Moisés:

> *Escogiendo antes ser maltratado con el pueblo de Dios, que gozar de los deleites temporales del pecado* (Hebreos 11:25).

Moisés cambió el placer por el dolor, el éxito por el sufrimiento y el palacio por la persecución. Sabía que los placeres de Egipto eran una prisión espiritual, pero la persecución con el pueblo de Dios era la verdadera libertad. Eligió el sufrimiento, no porque luchara con un complejo de mártir, sino porque eso era lo que se requería en ese momento para identificarse con el pueblo de Dios. Aprender a disfrutar de la vida es estupendo; sin embargo, el aprender a soportar el sufrimiento es esencial.

El apóstol Pablo preparó al joven Timoteo no sólo para el éxito, sino también para el sufrimiento:

*Tú, pues, sufre penalidades como buen soldado
de Jesucristo*

(2 Timoteo 2:3).

Somos soldados del ejército de Dios. El servicio militar impone restricciones a las libertades personales, y lo mismo ocurre con el ministerio cristiano. Los que están en el ejército pasan por el campo de entrenamiento y el entrenamiento es extenuante, y soportan el sufrimiento. Los soldados deben desarrollar una fuerte disciplina en medio de su adiestramiento. Esa disciplina es vital para ser efectivo en la guerra. La vida cristiana no es diferente. Como buen soldado de Jesucristo, usted no evita el sufrimiento, sino que aprende a soportarlo. La guerra espiritual no lo protege de la persecución, sino que le permite manejarla mejor.

Hay una historia de John Wesley, el líder de los avivamientos en el siglo XVIII. Una vez, se enfadó tanto porque por tres días que no sufría persecución. Por tres días, nadie le había tirado un ladrillo o un huevo. Estaba tan angustiado que detuvo su caballo y se puso a orar para que Dios examinará su corazón y viera si había algún pecado o reincidencia en él. Fue a pedir al Señor que le mostrara dónde estaba su falta. Justo en ese momento, alguien del otro lado del camino vio a John Wesley y le arrojó un ladrillo, pero falló. John Wesley terminó su oración y—con gran alegría—volvió a montar su caballo, agradeciéndole a Dios que todavía estaba encaminado hacia Su propósito. ¡Qué perspectiva! La mayoría de nosotros dudamos de la presencia de Dios en medio de la persecución; John Wesley estaba seguro de ella.

En los Evangelios, Jesús nos advierte sobre el sol de la tribulación que deja al descubierto la debilidad de la tierra. Esta persecución quema las semillas que están plantadas en el terreno pedregoso.

14

Y el que fue sembrado en pedregales, este es el que oye la palabra, y al momento la recibe con gozo; pero no tiene raíz en sí, sino que es de corta duración, pues al venir la aflicción o la persecución por causa de la palabra, luego tropieza

(Mateo 13:20-21).

Los creyentes que no maduran como discípulos de Cristo no saben cómo soportar. Saben cómo disfrutar de la salvación, pero no cómo perseverar y soportar el sufrimiento. Se necesita crecimiento espiritual, madurez, y la enseñanza correcta de la Palabra de Dios para romper el terreno pedregoso en nuestra mente. La tribulación expone lo que ya está allí: ¡No hay raíces profundas y, por lo tanto, no hay capacidad para soportar, perseverar o aguantar! Podemos concluir que la persecución es el abrasador que nos *define* o nos *refina*.

De perseguidor a Ser Perseguido

Pablo pasó sus primeros años de vida persiguiendo a los cristianos, y cuando se convirtió en cristiano, también fue perseguido como cristiano. Parece que no hay término medio; o eres el que persigue o el que es perseguido.

¿Y si muchos cristianos no son perseguidos hoy porque son ellos los que persiguen? Creen que son los vigilantes espirituales ungidos y designados por Dios para desarraigar la herejía y la falsedad del cristianismo. Su crítica (persecución) es el trabajo que ellos piensan que Dios los llamó a hacer.

Y aun viene la hora cuando cualquiera que os mate, pensará que rinde servicio a Dios

(Juan 16:2).

Personalmente, empiezo a preocuparme cuando no me critican. Prefiero ser perseguido que perseguir a otros, porque, si soy criticado por lo que Dios está haciendo a través de mí, eso significa que estoy haciendo algo por Su reino. Si todo lo que estoy haciendo es criticar a otros, eso significa que no estoy haciendo mucho; tengo demasiado tiempo ocioso en mis manos. Significa que sigo mirando lo que hacen los demás y tengo suficiente tiempo y energía para atacarlos. No estoy diciendo que no necesitemos examinar, juzgar y evaluar las cosas. Pero cuando no ganamos almas, hacemos discípulos, echamos fuera demonios, sanamos a los enfermos y edificamos una iglesia local, sino que atacamos a otros que están haciendo esas cosas, algo anda mal con nuestra teología. Me temo que muchos se han vuelto como Saulo, persiguiendo a la iglesia y al movimiento de Dios, pensando que le están haciendo un servicio a Dios.

¿Está usted persiguiendo y criticando o siendo perseguido y criticado?

Es hora de desarrollar una piel gruesa para soportar la persecución en forma de crítica. Puede que aún no seamos dignos de sufrir abusos físicos por Cristo, pero necesitamos desarrollar las virtudes de la longanimidad y el autocontrol. La crítica injusta proporciona el entorno perfecto para desarrollar esas cualidades espirituales. La idea de que, *si lo hago todo bien, agradaré a todo el mundo* es un mito. La relación de Jesús con el Padre, y Su enseñanza ofendieron a los fariseos; y sí, ofenderá a la gente religiosa, así como a la gente que le rodea si usted se parece en algo a Jesús. No hay forma de evitarlo. Si su meta es caerle bien a todo el mundo, entonces seguir a Jesús será difícil para usted. Mejor vender helados.

En los inicios de nuestra iglesia, recibimos muchas críticas por nuestro ministerio de liberación (todavía hacemos mucho de eso ahora). La gente comentaba y decía cualquier cosa que usted se pueda imaginar. La mayoría provenía de iglesias cristianas de la zona. Qué tentador era predicar un sermón para luego defenderse y reaccionar a esas críticas. Sin embargo, el Señor me llevó a la historia del Rey David en 2 Samuel 16. Cuando Simei salió, maldiciendo continuamente y arrojando piedras a David, David no se las lanzó de vuelta. Las únicas piedras que David tiró fueron contra Goliat. Yo también elijo guardar mis piedras para la cabeza de Goliat, no para golpear a mis críticos. Dios me llamó a destruir las obras de las tinieblas, no las obras de los críticos.

La crítica injusta pica como la picadura de un mosquito, y si sigo rascándome esa picazón, me picará más. La crítica es una trampa para alejarnos de nuestro propósito y llevarnos a discusiones y peleas sin sentido, que no producen fruto alguno. Es mejor seguir trabajando que defender nuestro nombre. Cuando Nehemías fue atacado con calumnias, críticas e incluso amenazas, siguió construyendo el muro. No dejó que las críticas quitaran espacio en su mente prestándoles mucha atención. Uno de mis frases favoritas del libro de Nehemías es la siguiente:

> *Yo hago una gran obra, y no puedo ir; porque cesaría*
> *la obra, dejándola yo para ir a vosotros*
> (Nehemías 6:3).

Por cierto, ponerse a la defensiva todo el tiempo es una señal de inmadurez y orgullo. No se haga grande ante sus propios ojos y empiece a pensar que es alguien. En realidad, sólo somos siervos de Dios, y los siervos a veces son maltratados, eso es parte de ser un siervo. ¿Cómo es que oramos para que Dios nos convierta en sus siervos, pero nos quejamos cuando nos tratan como tales? Deseamos ser un puente para un mundo moribundo, pero nos quejamos cuando la gente nos pisotea.

Cuando nos critican, debemos aprender a centrarnos en Dios y buscar lo que Él quiere que hagamos, en lugar de reaccionar en la carne. Responder a Dios requiere pensamiento, oración, reflexión y examen. Manténgase humilde; un espíritu humilde es necesario para quien quiere crecer en Dios y aprender de sus críticos. El reaccionar es ser impaciente, estar herido, ofendido y tomar represalias en nombre de Dios. Cuando Jesús estaba en la cruz, sus críticos se burlaron de Él y le dijeron que bajara. Recuerde, Él no reaccionó ante ellos. No cedió a sus demandas burlonas. Vivía en respuesta a la voluntad del Padre, no a las exigencias de la gente. Antes de intentar validarme y defenderme, tengo como regla personal pausar y reflexionar.

CAPÍTULO 2

Santos en la Tormenta

H oratio G. Spafford era un abogado de éxito en Chicago. Estaba casado con una mujer llamada Anna, con la que tuvo cinco hijos. Era un gran partidario de D.L. Moody, un evangelista muy conocido de la época. A pesar de su éxito, Horatio no era ajeno al sufrimiento y la tragedia. Hacia 1870, su único hijo falleció de escarlatina a los cuatro años. Al año siguiente, su propiedad inmobiliaria sufrió grandes daños a causa de un gran incendio.

Él planeó unas vacaciones a Europa con su familia para tener algo de descanso. Reservó su viaje en el barco SS Ville du Havre. También se comprometió a ayudar a D.L. Moody en sus cruzadas evangelísticas. En un repentino cambio de planes, envió a su familia por delante mientras él se quedaba en casa para resolver algunos asuntos urgentes. El 22 de noviembre de 1873, mientras cruzaba el océano Atlántico, el barco se vio envuelto en una colisión con otra embarcación–el Loch Earn–y el SS Ville du Havre se hundió en doce minutos cobrándose 226 vidas. Las cuatro hijas de Spafford murieron. Su esposa Anna sobrevivió y le envió el ahora famoso telegrama: "Salvada sola. ¿Qué hago?".

Tras recibir ese mensaje desesperado de su esposa, Horatio zarpó hacia Inglaterra. El capitán del barco en el que viajaba sabía que Horatio había perdido a sus cuatro hijas en el barco que naufragó. Invitó a Horatio al puente para mostrarle el lugar exacto donde había ocurrido el naufragio unas semanas antes. Cuando supo más sobre la trágica pérdida de sus hijas, corrió a una habitación y escribió un poema. Uno de sus amigos, Philip Bliss, era vocalista y compositor. Philip estaba tan conmovido por el poema escrito desde un corazón profundamente roto que compuso una melodía para él y la llamó: "Está bien con mi alma". Permítame recitarla:

Cuando la paz como un río acompaña mi camino,
Cuando las penas se mueven como olas de mar,
Cualquiera sea mi suerte, Tú me has enseñado a
saber; "Está bien, está bien, con mi alma."

Aunque Satanás me abofetee, aunque vengan
las pruebas, Que esta bendita seguridad no
pueda controlar,
Pues Cristo ha considerado mi estado desvalido, y
ha derramado Su propia sangre por mi alma.

Mi pecado – ¡oh, la dicha de este
glorioso pensamiento!
Mi pecado, no en parte, sino todo,
Está clavado en Su cruz y ya no lo soporto
más; Alabado sea el Señor, alaba al Señor,
oh, alma mía.

Y, Señor, apresura el día en que la fe sea vista, Las
nubes se desplegarán como un rollo,
La trompeta sonará, y el Señor descenderá... "Aun
así–está bien con mi alma."

Para mí, sea Cristo, sea Cristo por tanto el vivir, Si
el Jordán sobre mí rodara,
Ningún dolor será mío, porque en la muerte como
en la vida susurrarás Tu paz a mi alma.

Mi alma está bien,
Está bien, está bien con mi alma.

La aflicción y el sufrimiento les suceden a todos, no sólo a los cristianos. Piénselo; cuando Jesús estaba en la cruz, había otros dos sufriendo allí también.

Uno estaba arrepentido, otro era un rebelde, y en el medio estaba el Redentor. Algunos sufren a causa de su propio pecado; otros sufren a causa de la anarquía y el pecado en el mundo. Jesús sufrió por los pecadores. Los pecadores, los santos y el Salvador experimentaron sufrimiento. No todos sufren por la misma razón, y no todos sufren de la misma manera. La fe cristiana no promete una vida sin tormentas ni cruces ni sufrimientos, pero sí promete que Dios nunca nos dejará ni nos abandonará. Tenemos un Salvador que es perfecto y santo, y Él está con nosotros en medio de todo. Si caminamos por el valle de sombra de muerte, Él es quien camina con nosotros y nos guía fuera, por lo tanto, no tememos ningún mal. Él no está en un castillo alto mirando lo que pasamos a través de un telescopio de observación. Él está en medio de la tormenta con nosotros.

Porque no tenemos un Sumo Sacerdote que no pueda compadecerse de nuestras debilidades, sino uno que fue tentado en todo según nuestra semejanza, pero sin pecado

(Hebreos 4:15).

Los accidentes, las tragedias, las pérdidas y el sufrimiento forman parte de la vida en esta tierra asolada por el pecado y la maldición. Dios no crea nuestro sufrimiento; Él nos redime de la causa del sufrimiento y nunca nos abandona en medio de el. Seamos muy claros: el pecado trajo todo tipo de sufrimiento al mundo, no fue Dios. El sufrimiento de Jesús en la cruz fue necesario para lograr nuestra salvación. Si no hubiera sido por el pecado, no habría sufrimiento; y si no hubiera sido por el sufrimiento, no habría salvación. El sufrimiento de Jesús por nosotros abrió la puerta a nuestra salvación. Jesús no sólo sufrió por nosotros, sino que también fue llamado Varón de dolores y experimentado en quebranto (Isaías 53:3). Jesús sufrió en la cruz en nuestro lugar para satisfacer la ira de Dios. Él no sólo fue nuestro Cordero que fue inmolado, sino que también nos dio un ejemplo de cómo pasar por el sufrimiento. No sólo es nuestro Maestro, sino que también nos dio un modelo de cómo debemos vivir nuestra vida. Por eso nos llaman cristianos; nuestra vida debe reflejar a Cristo, incluso en el sufrimiento. El apóstol Pablo nos dice que seamos imitadores de Cristo (1 Corintios 11:1), e incluso nuestro Salvador dice: *"Aprended de Mí"* (Mateo 11:29).

No en un Crucero

El apóstol Pablo, prisionero del Evangelio, viajó una vez de Cesarea a Roma. No fue una experiencia moderna como la de un crucero. Pablo no estaba de vacaciones. Fue puesto bajo la custodia de un oficial romano llamado Julio, un hombre de buen carácter que permitió a Pablo desembarcar en algunos puertos para visitar a sus amigos y recibir atención. Lucas y Aristarco acompañaron a Pablo en este viaje. El barco se detuvo en algunos lugares, y luego el centurión los subió a bordo de un barco de carga que navegaba de Alejandría a Italia cargado de trigo. Había 276 personas a bordo, incluida la tripulación.

Ante los poderosos vientos en contra que impidieron su progreso, hallaron un puerto en un lugar llamado Buenos Puertos. Esto ocurrió a finales de septiembre o principios de octubre, durante la fiesta judía (Día de la Expiación). Esta época del año indicaba que el peligroso clima invernal para navegar estaba a punto de comenzar. Normalmente, los marineros esperaban a que pasara el invierno para proseguir su viaje. Pablo advirtió a los tripulantes a cargo que viajar en ese tiempo sería peligroso para la carga y las personas a bordo. Hablaba no sólo bajo la influencia del Espíritu Santo, sino también como una persona que tenía un estatus de medallista en viajes por mar. Un erudito dijo que, para entonces, Pablo ya había viajado 3.500 millas por mar. ¡Eso es una gran acumulación de millas marinas!

El centurión decidió seguir el consejo de los marineros y del dueño del barco en lugar del de Pablo, el prisionero. Pensó que los expertos sabían más. Además, ¿quién querría pasar el invierno en una pequeña isla? Al principio, todo iba bien, y parecía que Paul se había extralimitado; los expertos tenían razón. Pero entonces, el violento viento del noreste llamado Euroclidón los envolvió, y los expertos se asustaron. La tormenta se convirtió en un furioso huracán que soplaba en todas direcciones. Imagínense atravesar un huracán en un carguero. Lo que Pablo les había advertido se hizo realidad. Incapaces de gobernar el barco, dejaron que la tormenta lo condujera. Ataron cables alrededor del casco del barco para evitar que las violentas olas lo destrozaran. Durante muchos días fueron zarandeados por las olas y empujados por el viento; parecía que estaban a merced de la tormenta. No veían el sol ni las estrellas; no sabían dónde estaban. Pronto perdieron toda esperanza de sobrevivir a la tormenta.

Desafortunadamente, se encontraron en una tormenta que les traería mucho sufrimiento y pérdidas. Su sufrimiento no fue persecución, sino un fenómeno natural de la naturaleza. Podrían haberlo evitado si el capitán hubiera hecho caso de la sabiduría y la recomendación de Pablo. Ahora, 276 personas se enfrentaban a la muerte, no como castigo del gobierno por sus crímenes o convicciones de fe, sino por lo que algunos llaman las calamidades comunes de la vida. A todos nos llegan tormentas. A veces podemos evitarlas, y otras no.

¡Echen Fuera a Jonás!

Ha habido una serie de tormentas y huracanes aquí en la tierra que se han cobrado la vida de mucha gente y han devastado un gran número de propiedades. En la Biblia, vemos tres tormentas notables y diferentes: la tormenta que enfrentó Jonás (Jonás 1:4-16); la tormenta en la que estuvo Jesús (Mateo 8:23-27); y la tormenta que atravesó Pablo (Hechos 27:13-44), que es a la que me refiero en este capítulo. Por cierto, esta no fue la única tormenta que atravesó Pablo.

Veamos cómo terminaron estas tormentas: La tormenta de Jonás terminó cuando Jonás fue arrojado por la borda; la tormenta de Jesús terminó cuando Él le habló y la reprendió; y la tormenta de Pablo siguió su curso y reclamó el barco.

Como ve, no todas las tormentas son iguales. Además, no todas las tormentas se superan de la misma manera.

Dios provocó la tormenta en el caso de Jonás para llamar su atención. Si recuerdas, Jonás huyó de la misión que Dios le había asignado, huyendo así de la presencia de Dios. Su desobediencia a Dios puso en peligro a los que estaban con él en el barco. En otras palabras, casi mueren por la desobediencia de un profeta. La tormenta no fue para castigar a los marineros que estaban en el barco, sino para despertar al santo: Jonás. Cuando estamos fuera de la voluntad de Dios, Él usará tormentas en el mundo para llamar nuestra atención y redirigirnos. Él nos traerá de vuelta a Su propósito para nuestro bien. Dios disciplina a Sus hijos cuando son desobedientes usando situaciones dolorosas para despertarnos. En mi libro, *Sé Libre*, escribí:

La disciplina es diferente del castigo:

- El castigo es eterno; la disciplina es temporal.

- El castigo es para los pecadores; la disciplina, para los santos.

- El castigo proviene de la ira; la disciplina surge del amor.

- El castigo es posterior; la disciplina es ahora.[2]

Por favor, permítame enfatizar esto de nuevo: Dios no nos castiga. Ya castigó a Jesús por todos nuestros pecados; y ahora, como Padre amoroso, nos disciplina en nuestra rebeldía para llevarnos al arrepentimiento. Eso es lo que ocurrió con Jonás. En su libro *El Problema del Dolor*, C.S. Lewis escribió: "Dios nos susurra en nuestros placeres, habla en nuestras conciencias, pero grita en nuestros dolores. Es Su megáfono para despertar a un mundo sordo".[3]

Obviamente, la tormenta se detuvo cuando Jonás fue echado por la borda. Se convirtió en un "sacrificio" que detuvo la tormenta. Después de que Jonás se arrepintió, el Señor le dio una segunda oportunidad–otra oportunidad de ir a Nínive. Por favor entienda, algunas de nuestras tormentas son causadas por nuestra propia desobediencia. Dios puede usar esas tormentas para llamar nuestra atención. Otras veces, las tormentas vienen porque tenemos a Jonás en nuestra barca. Considero que todos hemos experimentado turbulencias emocionales–estar intranquilos en nuestro corazón debido a tener a esa persona en nuestra vida que simplemente necesitaba irse. Por mucho que no queramos alejarlos, a menos que lo hagamos, podríamos estar prolongando la tormenta. Eche a Jonás por la borda y la tormenta terminará. Nuestro Jonás podría no ser una persona; puede ser un hábito, una obsesión o un acto pecaminoso que necesitamos eliminar de nuestra vida. Puede ser un Jonás de desobediencia a la voz de Dios, de pereza, de falta de perdón, un asunto emocional, el mentir, el robar, el tomar atajos, etc. Dios no puede bendecir un desastre. Tenemos que hacer nuestra parte y echar fuera a Jonás si queremos experimentar paz en el corazón.

Dijo al Mar: ¡Silencio, Enmudece!

La tormenta de Jesús fue diferente a la de Jonás. Ningún discípulo fue arrojado por la borda, gracias a Dios. Permítame contarle esta historia. Jesús se encontraba en medio de una tormenta camino a la tierra de los gadarenos. Se levantó una gran tempestad en el mar mientras Jesús dormía en la barca. Los discípulos estaban aterrorizados por la tempestad; Jesús dormía en ella.

Jesús, el Príncipe de Paz, tenía tanta paz en Él que podía dormir mientras las olas rompían a Su alrededor. De manera similar, la paz de Dios puede proteger nuestro corazón y nuestra mente cuando las tormentas de la vida arrecian. Su paz es sobrenatural y sobrepasa todo entendimiento (Filipenses 4:7).

Usted podrá dormir durante sus tormentas. La paz es uno de los dones de Jesús para nosotros. Él dijo: *"Mi paz os doy"* (Juan 14:27).

Se necesita fe y confianza para dormir en la tormenta. Puedo añadir que se necesita una gran paz para dormir en la tormenta, y se necesita una gran fe para hablarle a la tormenta. Los discípulos entraron en pánico y despertaron a Jesús, lo cual fue bueno. Jesús estaba en paz y reprendió a la tormenta. Permítame resumir esto: la gran fe le habla *a la* tormenta; la poca fe habla *de la* tormenta. La gran fe le dice al problema cuán grande es Dios; la fe pequeña le dice a Dios cuán grande es el problema. Sea cual sea la cantidad de fe que tenga, ármese de valor. Despierte al Señor con su grito o silencie la tormenta con su fe.

Creo que la tormenta que encontraron en el camino a los gadarenos fue provocada por el enemigo porque cuando Jesús reprendió al viento, éste se detuvo. Jesús estaba en camino para liberar a dos hombres poseídos por demonios, y lo más probable es que el enemigo estaba tratando de obstaculizar Su llegada. Satanás causa tormentas para obstaculizar nuestro llamado. Debemos encontrar valor para despertar nuestra vida de oración, encontrar paz a los pies de Jesús, y hablar la Palabra de Dios a nuestra alma y circunstancias.

Sí, usted puede hablarle a su alma. Permítame explicarlo. Su alma es muy importante y no debe ignorar sus necesidades. Sin embargo, su alma no debe estar a cargo de su espíritu. Debemos vivir por nuestro espíritu que está en Cristo; por lo tanto, podemos hablarle a nuestra alma. David le ordenó a su alma: *"Bendice, alma mía, a JEHOVÁ"* (Salmo 103:1). De nuevo, en otro salmo, le habló directamente a su alma:

¿Por qué te abates, oh alma mía, y te turbas dentro de mí? Espera en Dios; porque aún he de alabarle
(Salmo 42:5).

Cuando se sienta angustiado, encuentre la paz en el espíritu que sobrepasa todo entendimiento para que pueda hablarle a la tormenta en su alma. Como cristianos, cuando estamos llenos de la Palabra de Dios y de fe, podemos hablarles a nuestras montañas. Podemos hablarles a los huesos secos. Incluso podemos hablar y reprender al diablo que está respirando en nuestra nuca. Tenemos esta autoridad en Jesús.

Permíteme recitarlo de nuevo: cuando la tormenta es causada por la desobediencia o el pecado, necesitamos echar fuera a Jonás (arrepentirnos y hacer un cambio). Cuando la tormenta es causada por el enemigo, necesitamos despertar al Señor (ponernos en Su presencia y hablarle a la tormenta).

Sobreviviendo a la Tormenta

La tormenta de Pablo también fue diferente de la de Jonás porque no fue causada por su pecado ni por fuerzas espirituales. Su tormenta podría haberse evitado. ¿Cómo la superó Pablo? No vemos a Pablo hablándole a esta tormenta. La tripulación tiró el grano de la carga por la borda, pero no hizo nada para detener la tormenta o ayudar al barco.

Lo más probable es que el barco en el que iba Pablo fuera un carguero que llevaba grano de Egipto a Italia. Pues bien, el barco nunca llegó a su destino. En cambio, chocó contra un banco de arena y se partió. Sin embargo, Dios le hizo una promesa a Pablo:

…no habrá ninguna pérdida de vida entre vosotros,
sino solamente de la nave

(Hechos 27:22).

Dios prometió preservar las almas de los hombres del barco, pero no el barco en sí.

Pablo sobrevivió a la tormenta aferrándose a las piezas rotas del barco. Tuvo que nadar hasta la orilla. No parecía ser sobrenatural; era supervivencia neta. Sin embargo, Dios estaba con Pablo. No todo en lo que Dios está involucrado terminará con un milagro. A veces tendremos que aprender a nadar; a superar los momentos difíciles, día a día. A aferrarnos a pequeños trozos de esperanza y a aprender a dar gracias a Dios por su provisión del pan de cada día, no la tarta de queso diaria. La provisión de Dios no es sólo en abundancia, sino también en la provisión para nuestras necesidades, tal como Pablo. Donde antes navegaba, ahora tenía que nadar; esa era la única manera de atravesar la tormenta.

Si pasar por la persecución a causa de nuestra fe nos enseña cómo sufrir por Jesús, atravesar las tormentas de la vida con fe nos enseña a sobrevivir, resistir y crecer en nuestra fe. La tormenta siguió su curso; no hubo ninguna intervención sobrenatural que detuviera la tormenta o preservara el barco. Pero no por ello Pablo era menos hombre de fe. A veces se necesita la misma cantidad de fe para nadar en la tormenta que para silenciarla como lo hizo Jesús. Se necesita más fe para sobrevivir a una tormenta que para prosperar en la vida sin tormenta. No todos los que nadan han perdido la fe. Luchar no equivale a carecer de santidad. Y sobrevivir no indica falta. La fe no sólo produce milagros sobrenaturales; también da la fuerza para aguantar.

CAPÍTULO 3

Naufragando en la Fe

Viktor E. Frankl era un judío que nació en Viena (Austria) en 1905. Se graduó en medicina en 1930 y se especializó en neurología y psiquiatría. En 1938, el Dr. Frankl fue detenido por la Gestapo y encarcelado en un campo de concentración. Pasó los siguientes tres años en varios campos, entre esos Auschwitz, donde padeció terribles sufrimientos. Durante un viaje pastoral a Polonia, visité el monumento conmemorativo del campo de concentración de Auschwitz; fue una experiencia sobrecogedora. Han pasado muchos años desde aquellos hechos históricos, pero todavía pude sentir la muerte en aquel lugar.

Frankl, junto con otros prisioneros, sufrió inmensos abusos físicos, como palizas y crueles torturas, así como inanición. Estaba sometido a constante degradación y deshumanización, y a menudo le hacían sentirse inútil y desesperanzado. Se le exigía trabajar largas horas en condiciones duras, a menudo con comida y ropa inadecuadas. Muchos prisioneros fueron asesinados o ejecutados por los guardias e incluso por otros prisioneros. Frankl perdió a toda su familia durante su estancia en los campos. Después de la Segunda Guerra Mundial, Frankl se convirtió en uno de los supervivientes del Holocausto más conocidos, tras haber soportado inmensos sufrimientos y traumas. Reanudó su práctica como médico y escribió muchos libros. En su libro *El Hombre en Busca de Sentido*, Frankl escribe: "Fuerzas que escapan a tu control pueden quitarte todo lo que posees excepto una cosa, tu libertad para elegir cómo vas a responder a la situación".[4]

Lo que sucede en nosotros es más importante que lo que nos sucede a nosotros. A menudo, no podemos controlar lo que nos sucede, pero somos responsables de lo que sucede en nosotros. El Espíritu Santo tiene gran interés en trabajar con nuestras actitudes, acciones y reacciones durante nuestras tormentas. Mientras nosotros deseamos saber por qué algo nos está sucediendo, el Espíritu Santo desea producir Su fruto de paciencia en nosotros. Ese fruto alimentará a otros, nos marcará como discípulos de Jesús y dará gloria a Dios.

Sin la ayuda del Espíritu Santo, es terrible atravesar una tormenta. En vez de llevar el fruto del Espíritu, empezamos a tener rencores. En lugar de mejorar, nos amargamos. El sufrimiento es como un cuchillo; o lo agarramos por la hoja o lo sujetamos por el mango. Si sujetamos un cuchillo por la hoja, nos cortaremos y sangraremos. Si sujetamos el mismo cuchillo por el mango, se convierte en una herramienta, y podremos cortar pan con él. La ayuda del Espíritu Santo es necesaria para convertir nuestras tormentas en nuestra santificación, capacitándonos para responder con *"amor, gozo, paz, paciencia, benignidad, bondad, fe, mansedumbre y templanza"* (Gálatas 5:22-23).

No Deje que las Tormentas Destruyan Su Fe

Las tormentas pueden destruir su barco, pero no deje que destruyan su fe. El barco puede representar su trabajo, negocio, o incluso ministerio; algo que lo lleva del punto A al punto B o que le proporciona sustento. Los barcos pueden romperse por los vientos del cambio, dejándolo a usted sin ningún apoyo. El enemigo no está tras su barco; él quiere destruir su fe. La mayor pérdida ocurre cuando las tormentas de la vida destruyen su fe.

Pablo perdió el barco en la tormenta, pero no perdió su fe. Hoy en día hay personas que se "desconvierten" del cristianismo porque han sido heridas por la iglesia. Algunos deconstruyen (el proceso de dejar el cristianismo) su fe porque Dios no respondió sus oraciones de la manera que ellos esperaban. Muchos tropiezan y se preguntan: "¿Por qué Dios permitió que me sucediera esto?" o "Si Dios es tan bueno y amoroso, ¿por qué hay tanto dolor y sufrimiento en esta tierra?". Estas son preguntas genuinas, sobre todo cuando usted está atravesando por una tormenta que destruyó su barco. Pero detrás de todo esto está el enemigo que está trabajando secretamente para destruir su fruto y su fe.

Piénselo: si Dios no sanó a su madre, y ella falleció y se fue al cielo, ella está en un lugar mejor. No pierda su fe porque perdió a su ser querido. Si perdió su trabajo, puede que le duela por un momento, pero ¿qué tal si Dios tiene un mejor trabajo para usted o lo ve siendo dueño de varios negocios? Recuerde, todos los problemas que experimente con el dinero y su carrera terminarán cuando expire su tiempo en la tierra. La eternidad es muy, muy larga, y en el cielo no importará si trabajó en una tienda o en McDonald's para llegar a fin de mes. Siga confiando en Dios.

Su fe puede sostenerlo y llevarlo lejos, así que no pierda su fe por perder su trabajo. Incluso las traiciones y las rupturas sentimentales, por dolorosas que sean, no deben causar que tenga una ruptura en su fe. Dentro de diez años, es posible que ni siquiera recuerde los nombres de las personas que lo lastimaron tan profundamente que estuvo tentado de perder la fe. La vida pasa, y algunas tormentas son inevitables. Por eso quiero animarlo a que no se rinda ni pierda su fe cuando pierda su barco. No permita que el enemigo lo haga maldecir a Dios y morir porque las cosas se pusieron difíciles (véase Job 2:9-10).

Pablo pasó por tres naufragios, pero su fe no naufragó (2 Corintios 11:25). Incluso nos advirtió sobre aquellos que pierden la fe:

> *Manteniendo la fe y buena conciencia, desechando*
> *la cual naufragaron en cuanto a la fe algunos*
> (1 Timoteo 1:19).

No sea una de esas personas que permiten que las circunstancias naturales quiebren su espíritu. Que su fe se mantenga fuerte cuando pierda su barco en la tormenta. Todas las cosas que perdemos aquí en la tierra nos serán restauradas en el cielo; pero si perdemos nuestra fe, ¡estamos fritos!

Tener Fe "Aunque..."

El capítulo de la Biblia dedicado a la fe es el capítulo 11 de Hebreos, que relata la fe en los albores de la historia–la fe de Abraham, la fe de los patriarcas y la fe de Moisés–y luego enumera cómo las personas vencieron por la fe. Me encanta la honestidad de la Biblia porque no se detiene en las victorias visibles. Continúa en la lista que:

Otros fueron atormentados, no aceptando el rescate,
a fin de obtener mejor resurrección. Otros experimen-
taron vituperios y azotes, y a más de esto prisiones y
cárceles. Fueron apedreados, aserrados, puestos a
prueba, muertos a filo de espada; anduvieron de acá
para allá cubiertos de pieles de ovejas y de cabras,
pobres, angustiados, maltratados; de los cuales el
mundo no era digno; errando por los desiertos, por los
montes, por las cuevas y por las cavernas de la tierra
(Hebreos 11:35-38).

¿Por qué un capítulo tan optimista y edificante de la fe termina con una nota tan sombría y negativa? Algunos recibieron grandes obras por la fe, pero otros no, aunque tenían fe.

Podemos concluir que la fe no siempre es un puente sobre aguas turbulentas, sino que a veces es un camino a través de ellas. La misma fe que permite a algunos escapar de los problemas permite a otros soportarlos. La misma fe que libra a unos de la muerte permite a otros morir victoriosos. La misma fe que permite a uno detener la tormenta permite a otro sobrevivirla.

Yo la llamo tener fe "aunque... ". El libro de Daniel nos habla de tres jóvenes hebreos que tuvieron este tipo de fe a pesar del cautiverio en Babilonia.

He aquí nuestro Dios a quien servimos puede librarnos
del horno de fuego ardiendo; y de tu mano, oh rey,
nos librará. Y si no, sepas, oh rey, que no serviremos
a tus dioses, ni tampoco adoraremos la estatua que
has levantado
(Daniel 3:17-18).

Ellos no dudaron de la capacidad de Dios para evitar sobrenaturalmente que atravesaran el fuego. Pero incluso si Él no lo hiciera, su fe en Él no les impediría confiar en Él a través de las llamas.

El miedo pregunta: "¿Y si Dios no viene al rescate?". La fe dice: "Aunque tenga que pasar por el fuego, confiaré en Él". Dios no detuvo el fuego en el horno, pero evitó que el fuego los matara. Su presencia estaba con ellos en medio de las llamas. Los tres jóvenes hebreos salieron de ese fuego sin siquiera oler a humo. Usted puede ver que se necesita fe para atravesar el fuego y salir sin olor. Se necesita fe para atravesar el valle y no quedarse atascado allí y desarrollar amargura. Se necesita fe para atravesar el diluvio y no ahogarse en la duda, sino salir del otro lado, lavado. Se necesita fe para no rendirse en la tormenta, sino nadar a través de ella.

Lo mismo le ocurrió a Pablo. Su fe no impidió la tormenta, ni la detuvo sobrenaturalmente. Su fe le ayudó a aguantarla, no a evitarla. Dios no detuvo la tormenta, ni dejó que ésta lo matara. Dios estaba presente con Pablo en medio de aquella tormenta, así como estuvo con los jóvenes hebreos en el horno. Como estuvo con los discípulos en la barca durante la tormenta, así estuvo con Pablo.

La presencia de la tormenta no significa la ausencia de Dios. Jesús dijo: *"Yo estoy con vosotros todos los días, hasta el fin del mundo"* (Mateo 28:20). Jesús no abandona el barco cuando llega la tormenta. Nunca nos abandona, ¡pero eso no significa que no tengamos que aprender a nadar!

La Fe es Refinada con las Pruebas, no es Definida por Ellas

¿Cuál era el secreto de Pablo para soportar el sufrimiento? ¿Cómo soportaba las tormentas? Bueno, él respondió a esa pregunta en una de sus cartas:

> *Por lo cual asimismo padezco esto; pero no me avergüenzo, porque yo sé a quién he creído, y estoy seguro que es poderoso para guardar mi depósito para aquel día*
>
> (2 Timoteo 1:12).

Pablo no se avergonzó, ofendió o decepcionó de Dios por la tormenta o el sufrimiento que padeció. Sabía firmemente en quién creía. Desde muy joven, Pablo conocía las Escrituras a fondo. Pablo era un teólogo. Cuando se convirtió en apóstol, escribió cartas a las iglesias, que nos ayudan a saber qué creer. Pero quiero que usted note que su fe no estaba en doctrinas, tradiciones o información –estaba en una Persona. Eso es lo que le dio un ancla en la tormenta. La fe es más que un tema que se estudia; es conocer a Jesús y poner su confianza en Él. Jesús invita a la gente a creer en Él, no sólo a creer en algo.

Las tormentas no destruirán la fe verdadera; sólo pueden purificarla. Si vive rendido a Dios y en comunión con Él, usted es como un árbol plantado junto a corrientes de agua (Salmo 1). Las tormentas revelarán cuán profundas son sus raíces. La fe genuina en Dios no puede ser destruida por las pruebas. Cuando las personas afirman que perdieron su fe debido a un tiempo muy difícil, me pregunto si tenían fe genuina en Dios en primer lugar. No dudo que tuvieran fe, pero muchos tienen fe en la fe, o fe en ellos mismos, o su fe se basa en sus emociones en vez de en la Palabra de Dios. Pedro escribe:

En lo cual vosotros os alegráis, aunque ahora por un poco de tiempo, si es necesario, tengáis que ser afligidos en diversas pruebas, para que sometida a prueba vuestra fe, mucho más preciosa que el oro, el cual aunque perecedero se prueba con fuego, sea hallada en alabanza, gloria y honra cuando sea manifestado Jesucristo

(1 Pedro 1:6-7).

El oro no aumenta en tamaño cuando pasa por el fuego, aumenta en valor porque se purifica. El fuego no puede destruir el oro; el fuego destruye las impurezas del oro.

La fe es como una bolsita de té; no se sabe realmente lo genuina que es hasta que se mete en agua caliente. Las pruebas revelan su fe, pero también la refinan. No permita que su tormenta lo *defina* cuando el propósito es *refinarlo*. Usted es definido por el amor de Jesús, no por lo que está pasando.

El Fruto de la Longanimidad

Una de las razones por las que la gente pierde la fe tan rápidamente en una tormenta o en un naufragio es la mala teología. Nosotros, como ministros, no enseñamos a la gente lo suficiente sobre cómo soportar el sufrimiento; sólo les enseñamos cómo tener éxito. Muchos pintan a Jesús como alguien a quien puedes acudir, y todos tus problemas desaparecerán –no habrá dolor, ni sufrimiento, ni dificultades. Esa teología no es bíblica y confunde a los cristianos que se ven azotados por las tormentas de la vida.

Aquellos de nosotros que estamos en iglesias donde ocurren milagros, y donde se esperan, no debemos pensar que tener el poder de Dios en nuestra vida significa que evitaremos las tormentas. Pablo era un hombre de poder y fe, y sin embargo tuvo muchas aflicciones (véase 2 Corintios 6:4-10). Cuando somos testigos del poder del Espíritu Santo para sanar a los enfermos, expulsar a los demonios y resucitar a los muertos (prácticamente trayendo soluciones sobrenaturales a la escena), rápidamente podemos desarrollar expectativas poco realistas de que, si el Espíritu Santo hace estas obras de poder para otros, Él detendrá las tormentas en la vida de uno mismo.

Eso es como la acusación burlona que los críticos gritaron a Jesús: *"Si eres Hijo de Dios, desciende de la cruz"* (Mateo 27:40). De manera similar, el diablo le dijo a Jesús en el desierto: *"Si eres Hijo de Dios, di a esta piedra que se convierta en pan"* (Lucas 4:3). No suponga que puede usar el poder del Espíritu Santo para mantenerse alejado de situaciones difíciles. Algunos pueden pensar que cuanto más poder del Espíritu Santo tengamos, menos problemas encontraremos, ¡pero eso no es cierto!

El Espíritu Santo, que hace milagros a través de nosotros, no siempre evita que suframos. El Espíritu Santo no siempre está enfocado en eliminar el sufrimiento, sino en ayudarnos a desarrollar la fuerza de sufrir con éxito. Un fruto del Espíritu Santo es la longanimidad: el soportar el sufrimiento (Gálatas 5:22). Permítame repetirlo: el grado en el que sentimos la presencia del Espíritu Santo, no significa que experimentaremos menos sufrimiento. Más bien, significa que si pasamos por el sufrimiento, el Espíritu Santo nos ayudará a soportar y dar un fruto santo. El Espíritu de Dios ayudará a que nuestras acciones y reacciones durante el sufrimiento honren y reflejen a Jesús.

Es por eso que la Biblia dedica poco tiempo a responder al "por qué" del sufrimiento y se ocupa más en el "cómo" del sufrimiento. Cuando lee el libro de Job, contempla muchas preguntas sobre el sufrimiento, pero Dios no responde a esas preguntas directamente. Dios permite que Job experimente Su gloria, lo que lo deja sin palabras. Dios nos proporciona una experiencia de Su amor en medio del sufrimiento.

No es que el "por qué" no le importe a Dios, pero a menudo no es una explicación lo que necesitamos, sino una revelación de quién es Él. Necesitamos ayuda tangible en nuestro sufrimiento, no sólo una explicación. Por favor, comprenda que Dios nos envió un Salvador para morir por nuestros pecados, y nos envió Su Espíritu para consolarnos en nuestro sufrimiento. Cuando vienen las tormentas, y nuestro consuelo personal falla, el Espíritu Santo es nuestro Consolador; Él siempre está cerca de nosotros. Él está allí para quitar el dolor y tomarnos en Sus alas de amor mientras nos lleva a través de la tormenta.

Si actualmente está pasando por un momento difícil en su vida, o si perdió su barco y está desesperado, Dios quiere restaurarlo. Él no dejó a Pablo a la deriva en medio de la marejada. Él restaura a los quebrantados de corazón porque es el Varón de dolores que tomó sobre sí el dolor más profundo del corazón humano (Isaías 53). Usted ya no tiene que cargar con el dolor. Saldrá de la tormenta purificado y fuerte. Ore conmigo.

Señor Jesús, gracias porque siempre estás conmigo, incluso cuando no te siento. Tú eres mi Señor y mi Salvador. Ahora mismo, te entrego el dolor de lo que me pasó. Te entrego el dolor de (nómbrelo). Todo. Recibo Tu aceite sanador en mi corazón, y perdono a todos los que han pecado contra mí. Renuncio a la amargura, a la duda y a toda incredulidad que el diablo haya sembrado en mi corazón durante esta tormenta. Restaura mi corazón, mi fuerza y mi vida después de esta tormenta. Sé en quién creo. Tú eres mi Sanador, mi Consolador y mi Señor. Te confío mi vida. ¡Amén!

CAPÍTULO 4

No Muera de Hambre en la Tormenta

Hay una historia sobre un burro y un pozo seco. Érase una vez el burro de un granjero que cayó en un pozo vacío que llevaba mucho tiempo seco. El animal gritó desconsolado durante horas mientras el granjero intentaba hacer algo para salvarlo. Nada funcionó. Al final, el granjero se rindió y decidió que el burro era demasiado viejo y que no valía la pena sacarlo del pozo. Decidió enterrar vivo al burro y pidió a sus vecinos que le ayudaran a echar tierra en el pozo.

Pero, cuando empezaron a hacerlo, el burro sorprendentemente empezó a sacudirse la tierra y a dar un paso hacia arriba con cada palada. En poco tiempo, el burro salió del pozo, para asombro del granjero y sus vecinos.

La moraleja de la historia es que la vida nos derribará–el enemigo intentará enterrarnos con la tierra de nuestros problemas. Él desea ahogarnos en la tormenta. Pero podremos salir de los pozos más profundos si no nos rendimos. No deberíamos seguir sus reglas y asumir el papel de víctima. La autocompasión no solucionará nada. Utilice la tierra que le arrojen como trampolín para avanzar. La elección es nuestra. Podemos rendirnos a Dios o calumniarlo. Elija sacudirse la apatía, la complacencia, las ofensas, la autocompasión y la condenación. Apóyese en la Palabra de Dios y persevere. Aunque la vida no se haga más fácil, usted se hará más fuerte.

No Pierda el Apetito Durante la Tormenta

Cuando Pablo y la tripulación atravesaban la tormenta que casi acaba con sus vidas, una cosa que tenían que hacer era comer. Para sobrevivir a la tormenta, necesitaban acabar con el hambre. Una de las primeras cosas que Pablo instó a hacer a los hombres del barco fue comer.

> *Cuando comenzó a amanecer, Pablo exhortaba a todos que comiesen, diciendo: Este es el decimocuarto día que veláis y permanecéis en ayunas, sin comer nada. Por tanto, os ruego que comáis por vuestra salud; pues ni aun un cabello de la cabeza de ninguno de vosotros perecerá*
>
> (Hechos 27:33-34).

Pablo estaba prácticamente diciendo: "No pueden sobrevivir a la tormenta si están muriendo de hambre. Tienen que comer algo si quieren sobrevivir".

Atravesar una tormenta espiritual puede robarle el apetito espiritual por la Palabra de Dios, dejándolo sin ganas de leer y sin motivación siquiera para abrir la Biblia. Aunque puede ser normal sentirse así, permanecer en ese estado de ánimo es extremadamente peligroso para su fe y su supervivencia. Si quiere sobrevivir, debe comer. Por comer, me refiero a leer la Palabra de Dios. La Biblia es su alimento espiritual, el alimento que lo mantiene vivo en una tormenta.

A veces puede hablarle la Palabra de Dios a la tormenta, y la tormenta se detendrá. Otras veces, debe alimentarse con la Palabra de Dios para poder nadar y salir de la tormenta. Todas las tormentas llegan a su fin, pero usted no debe llegar a su fin espiritualmente matándose de hambre.

Una cosa es perder su barco en la tormenta; pero otra es perder su apetito por Dios totalmente. Entonces morirá, no a causa de la tormenta, sino de hambre. El hambre espiritual ha matado a más cristianos que cualquier tormenta. No deje que su tormenta lo mate de hambre.

Me he dado cuenta de que uno de los problemas más comunes que tienen los creyentes es la falta del deseo de leer la Palabra de Dios: la capacidad de alimentarse espiritualmente. Esto puede suceder cuando nuestra vida empeora drásticamente. Otras veces, es simplemente nuestra naturaleza carnal que no quiere tener nada que ver con las cosas de Dios. Una tormenta no necesariamente causa la pérdida del apetito; nuestra carne lucha contra el deseo de la Palabra de Dios. Cuando el hambre espiritual desaparece, aparece la desnutrición.

El enemigo busca disminuir su apetito para aislarlo de la *fuente* de su fortaleza. Si no puede derrotarlo con una tormenta, cambiará de táctica para que usted se mate de hambre. Y si, mientras muere de hambre, culpa a Dios por ello, el diablo consigue una victoria por partida doble. Una tormenta puede ser usada como excusa para no alimentarse espiritualmente, pero no es más que una mera excusa.

Cuanto menos lea la Biblia, menos deseará leerla. El hambre por la Palabra de Dios proviene de consumirla, no de evitarla.

Físicamente, usted tiene hambre por no comer. Espiritualmente, usted tiene hambre por comer. Para obtener el deseo por la Palabra de Dios, debe leerla. Para tener hambre de la Biblia, he aquí mi sencilla solución: debe alimentarse con ella. Incluso si a veces necesita alimentarse a la fuerza, que así sea.

Decida leer la Palabra de Dios, aunque no tenga ganas. Seguir sus sentimientos sólo refuerza la inmadurez. Sus sentimientos y emociones son las partes más bajas de su naturaleza. Así que no los convierta en un fundamento. Somos llamados creyentes, no sentimentalistas. Pertenecemos a la familia de la fe, no a la familia de los sentimientos (véase Gálatas 6:10). Dios nos ha dado un espíritu de fe, no un espíritu de sentimientos (véase 2 Corintios 4:13). Dios nos ha dado una medida de fe, aunque no todos reciben el don de la fe, y se nos ha llamado a vivir una vida de fe (Romanos 12:3; Romanos 1:17). A algunos se les ha dado el don de la fe (1 Corintios 12:9). Complacernos en nuestros sentimientos puede hacernos sentir bien por el momento, pero el precio de eso es la hambruna espiritual.

El diablo sabe que no puede derrotar a una persona a menos que la desarme. Satanás sólo derrotó a Eva cuando la hizo dudar de la Palabra de Dios, lo que la llevó a la desobediencia. En contraste, Jesús derrotó al diablo en el desierto desarmándolo con las Escrituras. Por favor entienda que cuando se enfoca más en sus sentimientos que en su fe, el diablo gobernará su vida a través de sus sentidos. Pero a medida que se alimenta con la Palabra de Dios, incluso cuando no tenga ganas de hacerlo, la paz de Dios gobernará su corazón. Usted puede estar en una tormenta, pero la tormenta no estará en usted porque usted es fortalecido por la Palabra de Dios.

El Ave está Tras el Libro

Hay un gran misterio que Jesús reveló a sus seguidores en la parábola del sembrador, la semilla y la tierra (véase Marcos 4:2-20). Hay cuatro tipos de tierra, y cada una representa la receptividad del corazón a la Palabra de Dios. Hay tierra dura, tierra pedregosa, tierra espinosa y tierra buena. El primer tipo de terreno es duro, como el concreto. Representa los corazones endurecidos por el orgullo, la indiferencia y el pecado. El terreno duro estaba a lo largo del camino; es por donde camina la gente. Esos corazones permitieron que la vida dejara su huella en ellos. Las circunstancias caminan sobre el suelo del terreno duro. Cuando la Palabra cae en este tipo de suelo, las aves roban la semilla. Este es el único suelo donde las aves se alimentan a expensas de que el terreno sea privado de la semilla.

Una vez, mientras leía esta parábola, sentí que el Espíritu Santo me hablaba. Me dijo: "No alimentes al ave; alimenta tu alma". ¿Qué significa eso? Cuando escuchamos la Palabra de Dios y no alimentamos nuestra alma, alimentamos a las aves. El ave es el enemigo. No es que el diablo quiera ser alimentado por la Palabra de Dios, sino que quiere robársela a usted. El obtiene poder cuando usted y yo estamos hambrientos. De esa manera, él no tiene que destruirnos; nos destruimos a nosotros mismos al estar desnutridos.

Somos como la tierra; no podemos dar fruto a menos que recibamos una semilla. Una semilla no puede producir fruto hasta que entre en la tierra correcta. Sin la tierra correcta, somos infructuosos, eso es todo. Cuando su corazón no recibe la Palabra de Dios, el ave obtiene la comida. No solo usted pierde la oportunidad de dar fruto, sino que su vida espiritual se debilita, y el enemigo se fortalece. Cuando usted mata de hambre a su espíritu, alimenta sus problemas. Cuando mata de hambre su fe, alimenta sus miedos. El ave se alimenta cuando está hambriento. Alimente su espíritu; las semillas han sido provistas para usted. No le de comida al enemigo.

El enemigo no puede impedir que la Palabra de Dios produzca fruto en usted, así que luchará para asegurarse de que la Palabra de Dios no eche raíces. Por favor entienda, una vez que la Palabra echa raíces, no hay nada que él pueda hacer. La Palabra es poderosa y cortante (Hebreos 4:12); recrea nuestra vida (Santiago 1:18; 1 Pedro 1:23); quita la culpa (Efesios 5:25; Juan 15:3); activa la fe (Romanos 10:17); trae crecimiento (Hechos 20: 32); renueva nuestra mente (Salmo 119:105, Salmo 1:2, Romanos 12:2); eleva nuestro estado de ánimo (Romanos 15:4); nos ayuda a no pecar (Salmo 119:11); e incluso nos hace libres (Juan 8:31-32). Ningún diablo en el infierno puede impedir que la Palabra de Dios produzca estas cosas en su vida. Por lo tanto, el objetivo infernal es impedir que la Palabra eche raíces en su ser. Robar el deseo propio por la Palabra de Dios es una de las tácticas más maliciosas, y lamentablemente, una de las más rentables que tiene el adversario.

Fortalézcase en el Señor

Cuando David regresó a Siclag de un viaje militar, se encontró con que él y sus hombres habían perdido a sus familias a manos de los amalecitas. Todos sus valientes hombres estaban afligidos. Habían perdido su ciudad por el fuego y a sus familias en la incursión. David se encontraba en una de las mayores tormentas de su vida; estaba angustiado y, encima de eso, sus guerreros hablaban de matarlo. La solución de David fue alimentarse.

> *Mas David se fortaleció en JEHOVÁ su Dios*
> (1 Samuel 30:6).

Mientras otros buscaban a quién culpar, David buscó al Señor para fortalecerse. Es interesante que no dice que el Señor fortaleció a David, sino que David se fortaleció en el Señor. Dios no se impondrá a usted cuando esté angustiado. Él siempre estará allí, pero usted tiene que tomar una decisión consciente de alimentarte de Su presencia y de Su Palabra. No espere a que Dios lo renueve porque Él está esperando que usted se renueve acercándose a Él.

David encontró su fuerza en Dios, y luego fue a consultarle. Dios le habló con instrucciones claras. He notado muchas veces que un alma desanimada no puede recibir instrucción de Dios. Un alma hambrienta no puede recibir dirección. Dios quiere alimentarlo antes de poder guiarlo, pero usted debe ser renovado en sus fuerzas antes de que pueda recibir sus siguientes pasos. Fue después de que Jesús fue lleno del Espíritu en el río Jordán que el Espíritu Santo lo llevó al desierto. Nos apresuramos a tratar de escuchar a Dios cuando ni siquiera estamos cerca de Él. Nos desesperamos por una solución cuando lo primero que necesitamos es fortaleza.

> *¿Cómo puede fortalecerse en el Señor? Una de las maneras es adorando a Dios. Mire la letra de la canción que Moisés cantó después de que Dios dividió el Mar Rojo: "JEHOVÁ es mi fortaleza y mi cántico, y ha sido mi salvación"*
>
> (Éxodo 15:2).

Si quiere encontrar fortaleza en Dios, empiece a adorarle. Recuerde que mientras usted está en oración, puede acercarse a Dios, pero cuando adora, Dios se acerca a usted. El busca adoradores que lo adoren en espíritu y en verdad. David adoró a Dios en las tormentas más difíciles de su vida volcando toda su atención al Señor para adorarle. ¿Duda de que sea posible? Lea los salmos que compuso.

Otra manera de fortalecerse en el Señor es orando en lenguas. Por cierto, David no tenía esa opción. Semejante privilegio se concedió a los hijos del pacto en el Nuevo Testamento, es para nosotros hoy.

> *El que habla en lengua extraña, a sí mismo se edifica;*
> *pero el que profetiza, edifica a la iglesia*
> (1 Corintios 14:4).

La palabra "edifica" aquí es la misma palabra para "construir" que se usa en referencia a Jesús edificando la iglesia; y al hombre sabio edificando su casa sobre la roca (Mateo 16:18; Mateo 7:24). Usted puede edificarse hablando en lenguas.

¿Se siente vacío, desanimado o desilusionado? Ore en lenguas. No se muera de hambre cuando pase por una tormenta; en vez de eso, tome una posición firme en la Palabra de Dios y fortalézcase en el Señor. Incluso si usted no está actualmente en una tormenta o desierto, siga fortaleciéndose en el Señor hablando en lenguas.

CAPÍTULO 5

Encienda un Fuego

Permítame comenzar este capítulo con el relato bíblico de Mical, la hija del rey Saúl, que se encuentra en 1 y 2 Samuel. Nacida en una familia adinerada, su padre fue el primer rey de la nación de Israel. Tener a su padre como rey debió haber sido increíble. Crecer en el palacio tenía sus ventajas. Mical tenía una hermana mayor llamada Merab, a la que prometieron en matrimonio como parte del paquete de recompensas para quien matara al gigante Goliat. El hombre que valientemente mató al gigante y salvó a la nación no sólo era talentoso, sino también apuesto. Curiosamente, su padre, el rey Saúl, cambió de opinión y desposó a Merab con otro pretendiente. Lo cual fue una ventaja para Mical, ya que ella albergaba sentimientos por David. De hecho, ella no solamente lo admiraba, sino que lo amaba. Era el hombre de sus sueños: espiritual, romántico (sabía tocar un instrumento y cantar), valiente y atractivo. Además, David empezó a ascender muy rápido en estatus. Se hizo súper famoso y caía bien a todo el mundo.

El sueño de Mical se hizo realidad. Su padre accedió a dársela a David en matrimonio, pero primero David tuvo que trabajar para conseguirlo. Como David no tenía dote (antiguamente, el hombre tenía que pagar al padre de la chica una suma de dinero para poder casarse con su hija), se fue a matar al campamento enemigo y trajo 200 prepucios. Finalmente, Mical y David se casaron oficialmente. Sin embargo, su felicidad no duró mucho. El rey Saúl no sólo tenía serios problemas mentales y demonios, sino que se volvió extremadamente celoso de la fama y las victorias de David, y quería matarlo. Mical se debatía entre honrar a su padre y a su marido. Para salvar a David, Mical lo ayudó a escapar y estratégicamente puso un maniquí en su cama. Eso le dio a David algo de tiempo para huir y esconderse. Sin embargo, en lugar de seguir a su marido hacia lo desconocido, tomó la decisión calculada de permanecer en el palacio con el loco de su padre y su cómoda cama.

Una cosa llevó pronto a la otra. Mientras su marido, David, huía y era perseguido implacablemente por su padre; el rey Saúl decidió empeorar las cosas y entregó a Mical en matrimonio a un hombre llamado Paltiel. En lugar de esperar a que David regresara, se casó con otro hombre. Pasó el tiempo, y su padre, el rey Saúl, junto con algunos de sus hermanos, murieron en la batalla. Fue una trágica pérdida familiar. A continuación, su hermano mayor reclamó el trono, sin embargo, su gobierno no duró mucho. Alguien le cortó la cabeza. Fue otra muerte brutal en la familia real.

Cuando la nación de Israel estaba a punto de nombrar rey a David, éste les hizo una petición: que le devolvieran a Mical, su mujer, que estaba casada con otro hombre. Algunos dirán que eso es raro e incómodo, pero había que obedecer la orden del rey. Paltiel, el segundo marido de Mical, la acompañó y lloró hasta que el general de Israel le dijo que se fuera a casa y lo superara.

Espere un poco; ahora estamos llegando a la parte buena. Mical volvió con David, su primer amor y su primer marido. Desde fuera, parecía muy afortunada. Era hija del rey, y ahora era la esposa de un rey. La mujer estaba de vuelta en el palacio, sólo que ahora como esposa, no sólo como hija. Su marido no era un maníaco mentalmente inestable, sino un hombre de Dios. Pero la suerte de Mical estaba a punto de cambiar.

Llegó un momento en que David llevaba el arca de la alianza de Dios a Jerusalén, y Mical se quedó en casa observando la procesión desde una ventana. David estaba lleno de alegría, saltando y girando ante el Señor, pero a los ojos de ella, actuaba más como un tonto que como un rey. Ella miraba todo eso desde una ventana, y la Biblia nos dice que Mical lo menospreció en su corazón.

Pienso que la ofensa y la amargura crearon frialdad en su corazón hacia Dios. Mientras estuvo en el exilio, David se había casado con otras mujeres y había tenido hijos, pero no hay indicios de que pidiera la opinión de Mical en esas decisiones. David regresó para convertirse en rey, y exigió que se la devolvieran, casi tratándola como una propiedad. La separó egoístamente de su amado esposo. Además de todo eso, su padre, que tenía problemas mentales, murió. Sus hermanos también murieron en combate–demasiados dramas y traumas. Ella tenía la excusa perfecta para fomentar su ofensa hacia Dios. Lamentablemente, en todas las tormentas de su vida, Mical no se alimentó de las promesas de Dios, no se fortaleció en el Señor y no lo adoró. Pasiva en vez de apasionada. Espectadora en vez de participante. Preocupándose más por la dignidad que por la divinidad. ¿Cuántas personas hoy en día hacen lo mismo y permiten que los problemas de la vida maten su pasión por el Señor?

No es de extrañar que la Biblia la llame *hija de Saúl* en lugar de esposa de David. Era a la vez hija de Saúl y esposa de David. Su padre estaba loco en el mal sentido, y su marido estaba loco en el buen sentido. Ella eligió reflejar el corazón de su padre, Saúl, que era un rey crónicamente inseguro, complaciente con la gente, asesino de sacerdotes, atormentado y disfuncional. Probablemente haya notado que ella mostraba algunas de las mismas características que Saúl. Se preocupaba más por lo que pensaba la gente que por lo que pensaba Dios. Su corazón estaba descontento en lugar de arder por Dios. Después de su ataque verbal a David, quien era su esposo, pero también el ungido de Dios, nunca tuvo hijos. Fue hija de un rey, y luego esposa de un rey, pero nunca llegó a ser madre de un rey. En toda su vida, no llegó a tener hijos. Considero que esto se debió a su actitud pasiva hacia el Señor.

Aprendamos de este relato bíblico. Aunque no hay nada que usted pueda hacer con respecto al pasado, no tiene que dejar que le robe el futuro, permitiendo que apague su fuego por Dios. Las maldiciones generacionales que haya encontrado –¡usted está en posición para romperlas! La disfunción que ha existido en su familia, y que se ha topado con usted, puede terminar con usted. La pobreza, la enfermedad, el divorcio, y la enfermedad mental que pueden haber estado a su alrededor toda su vida no tienen que ser su destino. Hay una forma de romper con eso. Deje de identificarse con los hábitos de su antepasado, Saúl, y comience a asumir la naturaleza de su Esposo, Jesús. No puede vencer a los demonios de su familia si no adopta el nuevo nombre y estilo de vida de su Esposo, el Rey Jesús. Por cierto, Jesús era un descendiente lineal del Rey David y fue llamado el Hijo de David; proféticamente hablando, Él es su esposo.

Es su elección reflejar a David en pasión o ser un mirón que es pasivo hacia las cosas de Dios. Cuando se ponga el manto de la alabanza, romperá la maldición de la pasividad. Sin lugar a dudas, mirar por la ventana es cómodo, pero es un cáncer para su futuro. Le robará su destino. Recuerde, no puede volver atrás y cambiar las cosas, pero puede ver a Dios moverse en su futuro si le permite reavivar el fuego en su corazón. El futuro pertenece a aquellos que tienen una llama. El destino de Dios es para aquellos que tienen devoción. Si pierde su fuego, perderá su futuro. La intimidad produce fruto; si no hay pasión, no habrá intimidad. Usted está ungido por Dios para dar a luz algo. Dar a luz un avivamiento. Dar a luz un ministerio. Dar a luz un movimiento. Pero no puede dar a luz a nada mientras esté mirando por la ventana. Poniendo excusas. Culpando a alguien más de por qué no está ardiendo por Dios.

Deje de mirar por la ventana. Permítame recordarle tres mujeres en el Antiguo Testamento que miraron por una ventana: La madre de Sísara (Jueces 5:28), la hija de Saúl, Mical (2 Samuel 6:16), y Jezabel (2 Reyes 9:30). Las tres se opusieron a la voluntad de Dios y sufrieron en consecuencia. Dios lo llamó a ser un adorador apasionado, no un mirón detrás de una ventana.

Encienda un Fuego, no Construya el Barco

Volvamos a nuestra historia de Pablo y su naufragio. Cuando sobrevivió al naufragio y a la tormenta, desembarcó en una isla llamada Malta. Se trata de una pequeña isla, de unas noventa y seis millas cuadradas, que se encuentra a unas cincuenta millas de Italia y a 207 millas al norte de Libia. Lo primero que empezaron a hacer los supervivientes en la isla no fue buscar otro barco para reanudar su viaje a Roma. En su lugar, encendieron un fuego. Hacía frío y llovía, y el fuego les ayudó a entrar en calor.

A veces, cuando perdemos nuestro barco en la tormenta, nos sentimos tentados a intentar reconstruirlo de nuevo en vez de construir un altar. Tenemos prisa por reconstruir nuestra vida. Tratamos de recuperar nuestras pérdidas en lugar de recuperar nuestra fuerza espiritual. Nos encanta poner excusas de por qué no podemos encender un fuego. La vida puede llegar a ser como una montaña rusa con muchos giros y vueltas: una familia disfuncional, parientes locos, corazones heridos, trabajos perdidos, relaciones rotas, traición de los seres más cercanos a uno, heridas de la gente de la iglesia, etc. Cuanto más excusas ponemos, más nos conformamos con la pasividad. Es obvio que protegemos nuestro corazón para que no nos vuelvan a herir. Protegerlo tiene sentido, pero endurecerlo es peligroso. Cuando la vida no ha sido justa, dejamos que el fuego se apague. Cuando no tenemos cuidado, dejamos que el drama por el que hemos pasado mate nuestra devoción a Dios.

Pablo estaba en su camino a Roma, y el naufragio fue un gran desvío. Aunque sobrevivió al naufragio, esto supuso un gran retraso en su juicio. Sin embargo, no perdió el tiempo. Pasó los siguientes tres meses en la isla de Malta, esperando y ministrando. Pronto encontraron otro barco y por fin llegaron a Roma. A veces tenemos prisa por recuperar todo lo que hemos perdido. En lugar de eso, deberíamos cultivar un hambre más profunda por las cosas de Dios sin renunciar a nuestro deber de reconstruir nuestro barco de fe.

La prioridad debe ser encender el fuego. Deje ir la ofensa. No mire atrás, a lo que ha perdido, sino a lo que le queda. Aunque sólo tenga una chispa, esa chispa debe convertirse en llama. Avive esa llama. Alimente esa llama. No deje que una tormenta le robe el fuego. No deje que un naufragio lo enfríe con Dios.

Edifique un Altar, Levante una Tienda

Abraham, nuestro padre de la fe, lo demostró muy bien. Se dice de él que dondequiera que iba, edificaba un altar y levantaba una tienda:

> *Entonces Abram levantó de allí su tienda de campaña*
> *y se fue a vivir cerca de Hebrón, junto al bosque de*
> *encinas de Mamré. Allí erigió un altar al Señor*
> (Génesis 13:18 NVI).

Edificar habla de algo permanente, pero levantar una tienda es temporal. Cada vez que usted va a acampar y monta una tienda de campaña, es por poco tiempo. Una tienda de campaña es una residencia temporal, no una morada permanente. Construimos casas, pero levantamos tiendas. Así es como vive la gente normal. Abraham no era normal. Él construyó altares para Dios, pero cuando se trataba de su morada, él la trataba como algo temporal. Alguien podría argumentar que en aquellos días todos vivían en tiendas. Eso es cierto. El autor de Hebreos nos dice que Abraham vivía en tiendas, esperando la ciudad cuyo constructor es Dios (Hebreos 11:9-10). Aunque era rico en bienes materiales, sus prioridades eran correctas: construir un altar y luego levantar una tienda. Lo único permanente en su vida era el altar, todo lo demás era temporal. Estaba construyendo su altar, su fuego, su relación con Dios. Su casa, su riqueza y sus bienes no eran más que tiendas, viviendas temporales. Incluso el apóstol Pablo se refirió a nuestro cuerpo como una tienda que será destruida (2 Corintios 5:1 NVI).

Cuando usted está edificando un altar, no se apega demasiado a ningún lugar, persona o posesión. Algunas personas se vuelven adictas a un escenario, pero alérgicas a un altar. Se aferran a las posiciones en la iglesia más que a la oración. Aman los títulos más de lo que aman a Jesús. Les gustan las conexiones más que la comunión con el Espíritu Santo. Prioritiza las posesiones más que la presencia de Dios. Aman al mundo más de lo que aman al Señor. Jesús nos advierte que los que aman la vida la perderán (Juan 12:25). Ganar esta vida es perderla (Mateo 10:38-39). No deberíamos tener un romance con las cosas temporales de este mundo a costa de poner a Dios en segundo lugar. La vida y todo lo relacionado con ella es tan rápida como el viento (Job 7:7), tan temporal como la hierba (1 Pedro 1:24), tan duradera como una flor (Job 14:2), tan pasajera como una sombra (Eclesiastés 6:12), se desvanece como un vapor (Santiago 4:14). La muerte es como agua derramada (2 Samuel 14:14). La vida en la tierra es temporal, y debe ser tratada como tal. Dios es eterno; Él debe tener la supremacía absoluta.

Una razón por la que muchas personas no tienen tiempo para Dios es porque ese tiempo está ocupado por otra cosa. Si el Señor no ocupa el lugar de prominencia en su vida, las cosas lo harán. El lugar de prioridad nunca está vacante. Siempre alguien ocupa ese lugar. El trono de nuestro corazón nunca permanece vacío. Siempre debemos examinar nuestro corazón para ver lo que estamos edificando y lo que estamos levantando para que no terminemos levantando nuestros altares y edificando nuestras tiendas.

Cuando las Personas se Van

Cuando usted construye una relación con el Señor, le ayuda a navegar las constantes transiciones de la vida. Aquellos que no construyen altares se vuelven demasiado dependientes de la gente. El temor del hombre empezará a gobernar a las personas que carecen del temor de Dios. Permítame enfatizar de nuevo,

Abraham edificó un altar y levantó una tienda. Por eso, cuando su sobrino Lot lo abandonó, Abraham no entró en pánico; levantó los ojos y vio la promesa de Dios. Lot, cuyo nombre significa "velo" o "cobertura", no tenía un altar en su vida. De hecho, parece que Lot no buscaba a Dios como Abraham. Él perseguía su ambición. Levantó sus ojos cuando planeaba separarse de Abraham y vio la tierra de Sodoma y Gomorra como el huerto de Jehová (Génesis 13:10). ¿Cómo podría ser Gomorra el huerto de Jehová? ¿De verdad, Lot? ¿Pero cómo culparlo si no tenía esa conexión personal con el Señor? Lot vivía de la relación de Abraham con Dios. No estaba conectado con Dios; estaba conectado con su tío. Abraham estaba edificando su vida alrededor de Dios; Lot estaba edificando su vida alrededor de Abraham. Lot tenía rebaños, pero Abraham tenía un altar. Sí, Abraham también tenía rebaños, pero los rebaños no lo tenían a él. Las posesiones de Abraham no lo poseían a él. Dios era su objetivo. Lot tenía rebaños, pero no fuego. Lamentablemente, lo perdió todo en el fuego del juicio de Dios. Recuerde, las tiendas no duran, los altares sí.

Cuando usted tiene un altar, no se aferra desesperadamente a las personas que lo abandonan; las deja marchar. No es que no le importen las personas; las ama cuando vienen y las ama cuando se van. Sin embargo, su futuro no está ligado a los que lo dejan, sino a Dios, que permanece con usted. Si no tiene un altar, es posible que se aferre a las personas equivocadas que acabarán impidiendo que cumpla el propósito de Dios. Cuando no tiene un altar en su vida, estará corriendo tras personas que Dios está tratando de quitar de su vida. Lot era un velo en la vida de Abraham. Fue después de que Lot se fue que Abraham pudo ver la tierra prometida de la que había estado escuchando.

Cuando no tenemos una relación fuerte con el Señor, nos apoyamos demasiado en la gente y confiamos muy poco en

Dios. Jacob no pudo convertirse en una nación sino hasta que dejó a Labán. Moisés no pudo liberar una nación hasta que dejó a Jetro. Dios no utilizó a Gedeón sino hasta que no envió un gran ejército a casa. Josué no entró en la tierra prometida hasta que Moisés murió. La leche y la miel no llegaron hasta que cesó el maná. A veces, antes de entrar en una nueva etapa, Dios saca a gente de nuestras vidas. Si nos aferramos a las personas equivocadas, nos impedirán cumplir el propósito de Dios. Si la gente quiere irse, que se vayan. No se aferre a los que no quieren quedarse. No pierda el sueño por quienes no estarán en su futuro. Cuando las personas se vayan, renueve su visión y revise sus valores. La visión del futuro de Dios y el valor de la presencia de Dios deben ser prioritarios.

Permítame añadir a esto, que no deberíamos quemar puentes con la gente que se aleja. Moisés dejó a Jetro, pero Jetro fue útil más tarde. Lot dejó a Abraham, pero Abraham fue útil a Lot en el futuro.

Cuando las Estaciones Cambian

La vida se compone de estaciones. Las estaciones cambian. Cuando cambian las estaciones, hay que cambiar de ropa. Si usted no se cambia de ropa según la estación en la que se encuentre, tendrá mucho calor o mucho frío. Usted no cambia con las estaciones, pero su ropa sí. Por lo tanto, no se vuelva adictos a las posiciones, títulos y oportunidades. Trabaje para encender el fuego en su vida, para que no termine persiguiendo al viento. Las estaciones cambian, pero nuestra búsqueda de Dios no debería hacerlo. Debe permanecer constante.

Un año normal tiene cuatro estaciones: invierno, primavera, verano y otoño. José, el hijo de Jacob, pasó por cuatro estaciones en su vida. Estas cuatro estaciones se reflejaron en las cuatro estaciones de su vestimenta. Aunque sus estaciones cambiaron, su compromiso con Dios no vaciló. Su papá le dio un abrigo de colores; los hermanos se lo quitaron. Pero no pudieron quitarle la presencia de Dios de su vida. Potifar le dio ropa de esclavo; la mujer de Potifar se la arrancó, pero no pudo quitar la presencia de Dios de su vida. Luego, el personal de la cárcel le dio un nuevo juego de ropas, e incluso esas las tuvo que dejar cuando fue a ver al Faraón. La ropa de José cambió, pero su búsqueda de Dios no. La gente puede quitarle su título, pero no su vida de oración. Los críticos pueden manchar su reputación, pero no pueden robar su carácter. Alguien puede arruinar su vida, pero no puede quitarle su fuego.

Deberíamos estar así de apegados a nuestros cargos, títulos e influencias como lo estamos a nuestra ropa. Cuando las estaciones cambian, cambia la ropa. Algunas cosas van al armario, otras son donadas a organizaciones benéficas. No debemos estar demasiado apegados a lo temporal, pero si permanecer adictos a lo eterno. Si no somos adictos a Dios, nos apegamos demasiado rápido a las cosas. Aprendí desde temprano a no apegarme a ninguna estación en mi vida. Las malas estaciones no duran. Las buenas estaciones tampoco duran. A veces, Dios le envía un arroyo, y a medida que pasa la estación, se seca. Él le da maná, y cuando pasa la estación se acaba. Tiene que aprender a rotar. No quedarse estancado en una estación y morir. Edifique un altar. Cuando usted tiene una vida de oración, aprende a rotar. Ora y rota. A veces, Dios quita lo bueno para hacer espacio para algo mejor en su vida. Así que, no se aferre a lo que se ha ido y luego pierda lo que está por venir.

Las estaciones cambian. Las personas se van. Dios sigue siendo el mismo. Cuando usted haya sobrevivido a la tormenta y al naufragio, encienda su fuego. Nuestras prioridades deben seguir siendo las correctas. Un altar debe ser permanente. Hay que encender el fuego. Su relación con el Señor debe tener prioridad sobre todo lo demás.

El Primer Amor

Sus prioridades revelan su pasión. La falta de pasión por Jesús es el resultado de prioridades equivocadas. Jesús reprendió a la Iglesia de Éfeso por no tener el amor por Él que ellos tenían al principio, *"Pero tengo contra ti, que has dejado tu primer amor"* (Apocalipsis 2:4). A esta iglesia no le faltaban actividades, programas y ocupaciones. De hecho, Jesús elogió a la iglesia por sus obras y por su capacidad para detectar a los falsos apóstoles. Pero lo más importante dejó de ser lo más importante: Perdieron su primer amor por Jesús. Trabajaban para Él, pero no lo amaban. Ministraban para el Señor, pero no ministraban al Señor. Lo que hacían para Dios se volvió tan importante que no tuvieron tiempo para Él.

La palabra *primer* en Apocalipsis 2:4 es la palabra griega "prōtos", que significa primero en tiempo, en lugar, en cualquier sucesión de cosas o persona. Por lo tanto, el primer amor, al que Jesús se refiere es el amor exclusivo que tiene el primer lugar en nuestros corazones por encima de todo lo demás.

El primer amor que tuvimos por el Señor fue el resultado de ponerlo a Él en primer lugar. Usted no puede tener el primer amor sin poner a Jesús de primero en su día, semana, finanzas y vida. Por eso se llama *primer amor*. Si Él no es el primero, perdemos el amor que tuvimos al principio.

La solución de Jesús para los que perdieron su primer amor es sencilla: recuerde, arrepiéntase y repita (Apocalipsis 2:5). Recuerde cómo eran las cosas antes. Arrepiéntase por no poner a Jesús en primer lugar. Repita o haga lo que hizo al principio.

Las prioridades alimentan la pasión. Para conseguir la pasión por Dios, Dios debe ser nuestra prioridad número uno.

El primer amor es el resultado de poner a Jesús en primer lugar. Es imposible arder por el Señor mientras se tienen prioridades desordenadas. Es imposible arder por el Señor mientras se despierta con la transmisión de TikTok en lugar de ser alimentado con la Palabra de Dios. Es imposible arder para el Señor si en lugar de recoger el maná diario de la Palabra de Dios, nos ponemos al día con las noticias; durmiendo hasta tarde el domingo para ver el fútbol en lugar de ir a la iglesia; pagando todas nuestras cuentas primero en lugar de honrar a Dios con nuestras finanzas primero. Cuando empezamos a hacer de Jesús nuestra prioridad número uno, la pasión por Él fluirá.

En el Principio

No es que Dios no quiera que prestemos atención a nuestra familia, que tengamos ahorros financieros y una carrera profesional. Es sólo que todo lo demás en nuestra vida no debe exceder nuestro amor por Dios. Él debe ser lo primero. Desde el primer versículo de la Biblia, vemos eso.

> *En el principio Dios creó los cielos y la tierra*
> (Génesis 1:1 NVI).

Permítame repetirlo: *En el principio Dios* –Dios quiere estar en cada uno de nuestros comienzos. Él es digno de ser el primero. Piense en cuando Abel ofreció el primogénito de su rebaño y fue aceptado por Dios (Génesis 4:4). Dios exterminó a todos los primogénitos en la tierra de Egipto con la última plaga, tanto humanos como animales, y luego ordenó a Israel que Le devolviera sus primogénitos (Éxodo 13:2; Números 3:13). El

Señor incluso le dijo a Su pueblo que trajera las primicias de sus frutos, grano, aceituna, vino y lana (Éxodo 22:29; 2 Crónicas 31:5; Nehemías 10:35). Jericó fue la primera ciudad de Canaán que Israel conquistó, así que ¿adivinen qué? Dios quería que Israel se la dedicara (Josué 6:18-19).

Capte la idea. ¡Dios quiere lo primero! Él merece ser la prioridad más importante en nuestra vida. Hay una historia en los Evangelios acerca de cuando alguien deseaba seguir a Jesús, pero primero quería ir a enterrar a su padre. Jesús lo reprendió (Lucas 9:59-60). No era que Jesús no valorara a la familia; Él no quiere ser nuestra segunda prioridad en la vida.

Se nos invita a buscar primero el reino de Dios (Mateo 6:33). Algunas personas piensan que no pueden buscar el reino de Dios porque tienen otras responsabilidades en la vida. Todo depende de a quién se busque primero. Deténgase un momento y piense en su vida tal como es ahora. ¿Qué busca primero? ¿Quién es el primero? ¿Está encendiendo un fuego en la isla o reconstruyendo el barco?

Adrian Rogers, un influyente líder cristiano, dijo una vez: "Los americanos modernos ponen las cosas en primer lugar y a Dios en segundo lugar". ¡Ay! Es verdad no sólo sobre los americanos sino sobre los humanos en general. A muchos les encanta poner las cosas en primer lugar y a Dios en segundo lugar. Buscamos las cosas como lo hace este mundo, y esas cosas que buscamos parecen volar lejos de nosotros. Dios no parece ayudarnos a atraparlas. Todas las otras búsquedas no dan los mismos resultados. Jesús promete que, si lo buscamos a Él primero, todas las demás cosas nos serán añadidas. Entonces, si buscamos a Dios en vez de las cosas, las cosas se añadirán. Si ponemos al mundo en primer lugar, nos perderemos a Dios. Si ponemos a Dios primero, Dios nos da el mundo como un bono. Entonces, ¿cómo ponemos a Dios en primer lugar en nuestra vida?

Comience Su Día con Dios

Comience su día orando. Y empiece su oración con acción de gracias. Pablo le dice al joven pastor Timoteo, en primer lugar, que se ofrezcan oraciones y acciones de gracias por todos los hombres (1 Timoteo 2:1). Sé que es muy simple, pero ¿cuánta gente lo hace realmente? Poner a Dios en primer lugar es dedicar tiempo cada día a orar y leer la Palabra. Pasar tiempo con el Señor cada día es como recoger el maná celestial.

Dios le dio a Israel el maná para que lo recogiera por la mañana (Éxodo 16:11-12). El maná era el alimento que Dios les daba para comer (Éxodo 16:15). Todos los días tenían que recogerlo, excepto el sábado. La Palabra de Dios es nuestro alimento espiritual para sostener nuestra vida. Recuerde, la palabra de ayer es insuficiente para enfrentar los desafíos del nuevo día. Debemos tener experiencias frescas en la Palabra para mantenernos vivos espiritualmente. El maná debía ser comido a lo largo de su peregrinaje por el desierto (Éxodo 16:35). De la misma manera, mientras vivamos en este planeta, necesitamos el maná celestial. Cuando lleguemos al cielo, dejará de ser necesario. Los israelitas experimentaban el milagro del maná todos los días. Lamentablemente, se convirtió en algo habitual, y lo dieron por sentado. Incluso lo despreciaron (véase Números 11:4-6; 21:5-6). Querían algo más emocionante. Que nunca demos por sentada la Palabra de Dios en nuestras vidas. Que nunca superemos nuestra necesidad de tener comunión diaria con el Señor.

Recoja su maná diariamente. Levántese temprano para dedicar tiempo a la Palabra de Dios y a la oración. Jesús lo hacía, oraba temprano por la mañana (Marcos 1:35). El salmista animaba a un encuentro temprano por la mañana con Dios (véase Salmo 5:1-3; 88:13; 119:147). Muchos hombres de Dios hablaron de dar prioridad a la oración temprano en la mañana. E. M. Bounds, teólogo del siglo XIX, dijo: "Los hombres que más han hecho por Dios en este mundo han estado desde temprano en sus rodillas. El que desperdicia la mañana temprano, con su oportunidad y frescura, en otras cosas que no sean buscar a Dios, avanzará poco en su búsqueda el resto del día. Si Dios no es lo primero en nuestros pensamientos y esfuerzos por la mañana, estará en el último lugar el resto del día". John Bunyan, el autor de *El Progreso del Peregrino*, dijo: "Quien huye de Dios por la mañana, difícilmente lo encontrará al final del día; tampoco, quien comienza con el mundo y sus vanidades, en primer lugar, será muy capaz de caminar con Dios todo el resto del día. El que encuentra a Dios en su lugar secreto llevará el sabor de Él a su casa, a su tienda y a su conversación más abierta".[5]

Ahora bien, esto no significa que la oración por la noche, o al mediodía, o a lo largo del día no sea algo que Dios escuche. Debemos permanecer en constante comunión con el Señor; sin embargo, desarrollar el hábito de poner a Dios en primer lugar, dedicando los primeros momentos al despertarnos a la oración y a la Palabra, es una de las mejores maneras de edificar un altar en nuestro día. Dele a Dios lo mejor de usted y Él bendecirá el resto.

Pon a Dios Primero en las Finanzas

Salomón nos instruye a honrar al Señor con las primicias de todos nuestros frutos (Proverbios 3:9). De nuevo, se trata de honrar a Dios dándole el lugar que le corresponde, no sólo en nuestro calendario sino también en nuestra billetera. Por eso, como cristianos, le damos primero a Dios. Nos reunimos el domingo, el primer día de la semana. Tomamos las primeras horas o minutos de cada día para pasar tiempo con Él. Se trata de nuestra prioridad.

No todas las cosas tienen la misma prioridad en nuestra vida. A veces, prestamos demasiada atención a las cosas que gritan más fuerte. La mayoría de la gente vive de acuerdo a su reloj en lugar de acuerdo a su brújula. El reloj representa nuestro tiempo. La brújula representa los valores. Nos encanta sacrificar las cosas más importantes de nuestra vida en el altar de lo más urgente.

Cuando se trata de finanzas, ponemos a Dios primero dando lo primero de todo lo nuestro. Abraham lo practicó 500 años antes de la ley de Moisés, y lo llamamos diezmo (véase Génesis 14:20). El nieto de Jacob prometió diezmar a Dios al levantarse (Génesis 28:22). Pronto, el diezmo se convirtió en ley, pero esa ley realmente tenía un 10% para financiar el ministerio de los sacerdotes levitas (Números 18:21), más un 10% adicional para pagar los festivales para construir comunidad y celebración (Deuteronomio 14:22-26) y otro 10% cada 3 años para dar a los pobres (Deuteronomio 14:28-29). La ofrenda total era de alrededor del 23%. Esto es lo que Israel debía dar a Dios. Como personas bajo el Nuevo Pacto, no tenemos que diezmar; aceptamos diezmar. Para nosotros, no se trata de la ley sino de la disciplina aceptada. Es el principio de poner a Dios primero en nuestras finanzas. Jesús no rechazó la ley del diezmo, sino que corrigió el énfasis excesivo de los fariseos en cosas menores a expensas de la justicia, la misericordia y la fe (véase Mateo 23:23).

Diezmar consiste en traer a la casa de Dios el primer diez por ciento de sus ingresos. Es un buen lugar para empezar con su prioridad de poner a Dios en primer lugar. El número diez en la Biblia habla de probar. Diezmar es la única práctica en la que Dios lo invita a ponerlo a prueba (Malaquías 3:10), pero también es una prueba de sus prioridades. Cuando no diezmamos, le robamos a Dios la oportunidad de bendecirnos e involucrarse en nuestras finanzas. Así como orar temprano en el día invita a la gracia de Dios al resto de su día, así también dar su primer diez por ciento invita a la bendición de Dios sobre el resto.

Pon a Dios en Primer Lugar Cada Semana

Lucas, en su relato de los Hechos, escribe que el primer día de la semana, los discípulos se reunían para partir el pan (Hechos 20:7). El primer día de la semana es el domingo. El primer día de la semana, Dios separó la luz de las tinieblas (Génesis 1:5). Nos reunimos el primer día de la semana para celebrar la Luz de Jesús, que nos ha separado de las tinieblas. Jesús resucitó el primer día de la semana, que era domingo (Marcos 16:9). El Espíritu Santo fue derramado también el domingo (Hechos 2:1). El domingo se llama "El Día del Señor" (Apocalipsis 1:10). Para los judíos, el sábado era un día de descanso, pero para los cristianos, el domingo es el Día del Señor. Para los cristianos, el domingo no sustituyó al sábado. En aquella época, el domingo era como nuestro lunes. Era el día en que todo el mundo volvía al trabajo después de un día de descanso. En consecuencia, la Iglesia primitiva probablemente habría tenido que reunirse para adorar, por la mañana o al anochecer. Así fue hasta que el emperador Constantino instituyó el domingo como día oficial de descanso en el año 321 d.C. Pero para la Iglesia primitiva, el domingo era un día dedicado principalmente al culto de adoración, no al descanso.

Ponga a Dios en primer lugar cada semana yendo a la iglesia. No se esconda bajo la excusa: "No voy a la iglesia; yo soy la iglesia". Eso técnica y teológicamente no es correcto. Iglesia, de la palabra griega "ekklēsia", significa una asamblea. Es una reunión de ciudadanos llamados a salir de sus casas a algún lugar público. Una iglesia local es una asamblea. El cuerpo no consiste de una parte. Se compone de muchas partes. Usted mismo no constituye la Iglesia en su totalidad. Somos nosotros juntos como creyentes los que formamos el cuerpo. Por lo tanto, debemos reunirnos. Si una iglesia nunca se reúne, no es una iglesia en absoluto. La reunión no es solo algo que hacemos; es lo que la iglesia es. Dios nos ha salvado como individuos para ser una asamblea corporativa.

Dios dice en Su Palabra que debemos asistir a la iglesia regularmente (Hebreos 10:25). No permita que una herida causada en la iglesia le impida reunirse. No permita que el diablo le impida ir a la iglesia. No permita que el gobierno le impida ir a la iglesia. No permita que la pereza le impida ir a la iglesia.

Mantener encendido su fuego espiritual requiere, en primer lugar, que usted encienda el fuego. En el libro de Apocalipsis, Dios advirtió a la iglesia de Éfeso que volviera al amor celoso y ferviente que tenían cuando se salvaron. Dios está cansado del cristianismo pasivo. Mical, la hija del rey Saúl, no era más que una mirona pasiva que se limitaba a mirar por la ventana a los adoradores entusiasmados y luego los criticaba. Independientemente de lo que le haya sucedido en el pasado, no deje que los recuerdos de sus pérdidas apaguen su fuego por Dios. Ofrezca a Dios sus ardientes y fervientes sacrificios de alabanza en el altar de su corazón. Ponga a Dios en primer lugar en su vida y manténgalo ahí. Cada día, ponga a Dios en primer lugar en adoración y oración; renueve el fuego entre sus compañeros creyentes el primer día de cada semana–el domingo. Las excusas son un extintor de incendios. No permita que las distracciones de la vida apaguen su fuego.

CAPÍTULO 6

Extinguir las Excusas

Nuestra iglesia está muy agradecida a la iglesia Arroyos del Desierto (Desert Streams Church), por habernos permitido generosamente utilizar sus instalaciones los miércoles por la noche para orar y los jueves por la noche para el servicio de jóvenes. Yo era un líder de jóvenes en aquel entonces, sólo tenía unos 16-17 años. Y como no éramos adultos, no teníamos el privilegio de tener llaves del edificio. Mi primo Ilya y yo tuvimos la idea radical de celebrar una vigilia de oración los viernes por la noche. Habíamos oído que las iglesias que tienen avivamientos en todo el mundo también tienen reuniones de oración los viernes durante toda la noche. No teníamos valor para pedir a la iglesia que alquilábamos, que nos dejara orar toda la noche, por temor a que nos dijeran que oraramos en casa. Así que ideamos un plan.

La siguiente vez que tuvimos nuestra reunión de jóvenes los jueves por la noche, nos colamos en una de las oficinas y dejamos una ventana exterior sin cerrar. La iglesia no tenía cámaras de seguridad ni sistema de seguridad, así que esto ayudó a nuestra causa. Luego, la noche siguiente, cuando todos dormían, nos escabullíamos de nuestras casas, íbamos a una tienda 7-Eleven, a comprar algunas bebidas con cafeína y nos dirigíamos a la iglesia para orar. Pero aún nos quedaba un reto más. Salir de casa no era difícil, pero entrar en la iglesia sin ser detectados no era fácil porque el pastor vivía al lado. El estacionamiento de la iglesia era de grava y se podía escuchar cuando un auto entraba. Todo lo que tenía que hacer era abrir las cortinas, ver nuestro auto en el estacionamiento de la iglesia y venir en busca de los ladrones. Así que mi primo apagaba el motor, ponía el auto en neutro y lo dejaba rodar lentamente detrás del contenedor de basura de la iglesia para que el pastor no lo viera. Luego, en silencio, irrumpíamos en la iglesia por una de las ventanas que habíamos dejado sin cerrar la noche anterior. Adorábamos, orábamos, intercedíamos y, a veces, incluso dormitábamos un poco; lo hicimos varios viernes y nos salimos con la nuestra. Sin embargo, una noche, mientras orábamos abajo, oímos a alguien subir las escaleras y gritar: "¿Hay alguien ahí?". "Salga o llamaré a la policía".

Esos pasos se hicieron más fuertes cuando la persona empezó a ir del santuario de arriba a la sala de oración de abajo, donde estábamos. Nos asustamos, apagamos rápidamente las luces y nos escondimos debajo de las sillas. Era el pastor de la iglesia, que vivía al lado. Afortunadamente, nunca nos encontró y no llamó a la policía. Muchos años después le conté que éramos nosotros los que nos escondíamos en su iglesia y le ofrecí una disculpa oficial. Nos reímos juntos, recordando los buenos viejos tiempos. Aunque no me siento orgulloso de haber irrumpido en la iglesia, sí estoy agradecido por haber querido sinceramente orar toda la noche cuando era adolescente, y por haber descubierto una forma de hacerlo. Tanta gente pone excusas en lugar de encender un fuego. Desde muy joven me propuse no tener que poner excusas para no orar, ayunar o leer la Palabra. Las excusas extinguen tu fuego. Las excusas son como los bomberos, apagan su llama. Por lo tanto, aprenda a vencer las excusas si quiere arder en el fuego de Dios.

Extinción de Excusas

El apóstol Pablo, prisionero por Cristo, sobrevive a la tormenta y al naufragio. Finalmente, llega a la orilla de la isla y sigue lloviendo a cántaros. Estoy seguro de que la lluvia fría no es tan mala como una horrible tormenta de 14 días y un naufragio desastroso, pero cuando está tiritando con la ropa mojada y no tiene una casa cálida donde refugiarte, realmente le afecta. Con la ayuda de los lugareños, empezaron a hacer una hoguera. Note que la lluvia no les impidió encender el fuego. El frío no los detuvo. Tenían un objetivo y era el de encender una hoguera, que era su único medio de calentarse en el oscuro y frío clima.

"Lo entiendo, Vlad. Usted dice que debo encender un fuego, pero no comprende: he pasado por una terrible tormenta. Usted no entiende mi situación. No estoy seguro de tener fuerzas para volver a encender un fuego". Recuerde, no puede encender un fuego mientras esté poniendo excusas. Estoy aquí para desafiarlo a encender un fuego, no a poner excusas. Las excusas son extintores del fuego. Permítame ser completamente honesto: la tormenta no es su problema, ¡sus excusas si lo son! Sea cual sea el pretexto que tenga, las excusas son barreras autoimpuestas que le impiden crecer en Cristo. Es mucho más fácil inventar excusas que reunir energía para hacer un fuego. Cuando cree en sus excusas, usted invita a un bombero a su vida. Las excusas son bomberos, y apagarán su llama.

Quizá usted esté leyendo este libro y su excusa no sea la tormenta, sino el éxito. No está sangrando; simplemente está demasiado ocupado. No está sufriendo; en realidad está bastante satisfecho. Puede que crea plenamente que no necesita encender un fuego porque su vida parece cómoda y relajada. Recuerde que una bendición no es sólo una recompensa, sino también una prueba. Jesús compartió una poderosa historia sobre el rey que invitó a muchos al banquete de bodas. *"Y todos a una comenzaron a excusarse"* (Lucas 14:18). Sus excusas para no venir no eran problemas ni pecados, sino "las bendiciones" de su prosperidad que estaban demasiado ocupados administrando.

La excusa del joven rico para no seguir a Jesús fue la de tener demasiado dinero; no era alguna circunstancia miserable por la que estuviera pasando (véase Lucas 18:18-30). Cualquiera que sea la excusa–tormenta o éxito–debe ser desafiada y superada. Usted sólo podrá arder por Dios en la medida en que sea capaz de superar las excusas. Léalo otra vez. Vivir ardiendo por Dios no es cuestión de un rasgo de personalidad o algo con lo que se nace. Es su habilidad para eliminar las excusas. Si usted supera las excusas, querrá encender un fuego.

Veamos algunas excusas que el enemigo utiliza para impedir que encendamos nuestro fuego.

Oh, Pero está Lloviendo

Una excusa habitual que he oído es: "No puedo encender el fuego porque está lloviendo". En otras palabras: "No puedo buscar a Dios porque estoy luchando con el pecado, malos hábitos, pensamientos erróneos, problemas serios, abuso, cuentas pendientes, etc. Está lloviendo tan fuerte en mi vida que simplemente no puedo encender un fuego. La lluvia apagará el fuego". Me parece interesante que Pablo encendiera un fuego durante el aguacero y el clima frío; ¡incluso la leña que utilizó estaba empapada! Quiero enfatizar que no es bíblico pensar que puede arreglar su vida y arder para Dios con sólo creer. El apóstol Pablo escribió:

Digo, pues: Andad en el Espíritu, y no satisfagáis los deseos de la carne

(Gálatas 5:16).

¿Ha notado que él no dijo: "No satisfagas los deseos de la carne para que puedan andar en el Espíritu Santo?". Usted debe caminar con el Espíritu Santo para vivir una vida santa. Donde no hay Espíritu Santo, no hay santidad. En otras palabras, encender un fuego de amor por Él es la única manera de vencer sus pecados y malos hábitos.

El gran D.L. Moody una vez preguntó a sus estudiantes:

"¿Cómo se saca el aire de un vaso?". Ellos sugirieron usar una aspiradora o bombear el aire. El respondió: "La mejor manera de sacar el aire del vaso es llenarlo con agua. El agua expulsará el aire". El mismo principio se aplica a nuestros deseos carnales. Si queremos vencerlos, basta con estar llenos del Espíritu y caminar en el Espíritu.

A pesar del tiempo lluvioso, debemos encender el fuego aunque no tengamos ganas. Alimente su pasión y entréguese al Espíritu Santo. Si es usted un adicto, siga orando; si está luchando contra el pecado, siga ayunando; si está atado en cadenas, siga yendo a la iglesia. Esto no es una licencia para seguir pecando, sino una invitación para encontrar la libertad total que sólo se encuentra en Jesús.

Un día llegó a la sinagoga una mujer que llevaba 18 años atada por un espíritu de enfermedad (véase Lucas 13:16). Ella

73

no permitió que ese espíritu de enfermedad le impidiera reunirse con el pueblo de Dios. ¡Ella llevó ese demonio a la iglesia! Se esforzó y ese espíritu de discapacidad no le impidió ir a la iglesia. En esa reunión de creyentes, Jesús la sanó. Si ella hubiera cedido a la excusa, diciéndose a sí misma: "Estoy demasiado enferma, demasiado encorvada, demasiado rara para ir a la iglesia", se habría perdido su milagro ese día.

Hubo un hombre, que tenía una legión de demonios, quien corrió hacia Jesús y lo adoró (véase Marcos 5:6). Piense en esto: ese tipo tenía un caso demoníaco grave que se manifestaba en una fuerza sobrehumana y vivía en un cementerio entre lápidas, gritaba por las noches y corría desnudo. ¿Qué? ¿Correr hacia Jesús y adorarlo? Tal vez debería haber primero limpiado su vida un poco. Vestirse, al menos. Tal vez consultar a un terapeuta o a un consejero. En otras palabras, estaba lloviendo fuerte en su vida; no era el mejor momento para encender un fuego. Aun así, corrió hacia Jesús y lo adoró. A la multitud de demonios que había en él no les gustó, pero no pudieron detenerlo. ¡Él estaba decidido! Y ese acto de fe de ir a Jesús estando en esa situación es lo que rescató al hombre.

No permita que el diablo use su lucha como excusa para no poder correr detrás de Jesús. No permita que el enemigo posponga su búsqueda del Señor hasta un mejor momento en el que usted pueda ser más santo y más justo. ¡Su tiempo es ahora! Nos volvemos puros a través de nuestra búsqueda del Señor. Nadie limpia una ventana sucia con un trapo sucio. Nadie se corta el cabello antes de ir al barbero. *"Andad en el Espíritu y no satisfagáis los deseos de la carne"*, significa precisamente lo que dice. Debemos practicar el caminar con el Señor, y entonces no satisfaremos los deseos de la carne. No podemos vencer con nuestros propios esfuerzos. Necesitamos ayuda, y viene de Él.

Si usted no puede correr tras el Señor debido a sus luchas con el pecado, camine hacia Él. Cuando Jesús resucitó a Lázaro de entre los muertos, le ordenó a viva voz que saliera de la tumba o cámara mortuoria. Lázaro se levantó y salió de la tumba, todavía envuelto con largas tiras de tela (vendas de sepultura) de la cabeza a los pies. Él salió. Probablemente tuvo que saltar fuera, pero seguro que no se quedó en su tumba. Una tumba es donde se quedan los muertos y Lázaro ya no estaba muerto. Sin embargo, todavía vestía las ropas de un hombre muerto que lo restringían. Puede notar que Jesús no envió a alguien dentro de la tumba para desatar a Lázaro. Fue sólo una vez que Lázaro salió a encontrarse con el Señor (su mejor amigo) que alguien vino a ayudarlo a ser libre. No deje que sus vendas de sepultura le impidan caminar hacia el Señor. No deje que su pecado le impida venir a Jesús. No deje que toda la lluvia, sus problemas difíciles en la vida, le impidan encender su fuego.

Además, quiero que considere cuidadosamente lo que la Biblia no dice. No dice: "Anden en el Espíritu Santo, y no sentirán los deseos de la carne". Algunas personas llegan al punto de la arrogancia y el orgullo como si estuvieran por encima de las Escrituras, por encima de la tentación, como si ya no fueran humanos. Caminar con Dios no elimina la tentación; nos da fuerza para resistir los tropiezos y el pecado. Encender nuestro fuego puede que no detenga la lluvia, pero seguramente nos mantendrá calientes para que no muramos debido a los fríos elementos exteriores. Buscar a Dios no elimina los deseos de la carne, pero nos da el poder para no satisfacer sus demandas. Toda carne tiene concupiscencia. La concupiscencia tiene un apetito insaciable; si la alimenta, sólo anhela más. La concupiscencia es como el hongo del pie de atleta; cuanto más se rasca, más le va a picar. Dios no promete que, si enciende un fuego, esa carne ya no "picará", pero usted tendrá el poder de no rascarse lo que pica. Tendrá la fuerza para crucificar sus antojos en lugar de satisfacer las demandas de la carne.

Si realmente está lidiando con algún tipo de lluvia fría en su vida espiritual, experimentando ataques constantes en sus sueños, o cayendo en el mismo patrón de pecado, no escuche la mentira del diablo. El adversario quiere desesperadamente que usted deje de leer la Biblia, orar, ayunar y asistir a la iglesia. Le dirá que usted es sólo un hipócrita, que no vale la pena su esfuerzo. Recuerde, la gente enferma va a los hospitales. La gente con sobrepeso va al gimnasio. La gente quebrantada va a Dios. No deje que sus luchas le impidan ir al Señor. Encienda el fuego, no ponga excusas.

Pero es que Estoy Demasiado Ocupado

Las ocupaciones son otra excusa para sofocar el fuego. El afán de Marta por servir a sus invitados la distrajo de sentarse a los pies de Jesús y escuchar Sus palabras (véase Lucas 10:40-42). Cuando su ministerio explotó, los apóstoles tuvieron que dejar de servir mesas y priorizar la oración y el ministerio de la Palabra (Hechos 6:4). El pecado nos trae culpa y entonces se convierte en una razón por la cual no acudimos a Dios. Al contrario, la ocupación nos hace sentir que estamos haciendo algo importante para Dios, para que Él pueda bendecirnos. Cada vez que el ministerio *para* el Señor se interpone en el camino del ministerio *al* Señor, estamos en territorio peligroso. Para nosotros, nuestro trabajo para el Señor se vuelve más importante que nuestro amor por Él. El trabajo se convierte en nuestra identidad. Nos convertimos en hechos humanos en lugar de seres humanos. Corremos más rápido de lo que la gracia de Dios puede sostenernos. Vivimos nuestras vidas siendo agobiados en lugar de vivir del desbordamiento. Nuestras familias se quedan con las sobras mientras nosotros intentamos darlo todo al ministerio, consolándonos falsamente de que Dios cuidará de nuestra familia mientras estemos en la rutina de correr sin parar. El ajetreo nos roba el fuego y no aumenta nuestra productividad. Recuerde: Somos solo pámpanos, nuestra abundancia viene de nuestra permanencia en la Vid. Nuestro éxito no viene de nuestros esfuerzos sino de nuestra permanencia en Él, "caminando en el Espíritu". El ajetreo nos reduce a máquinas que sólo realizan trabajo y nunca descansan. Incluso si producimos resultados, corremos el riesgo de perder nuestro fuego.

Había dos reinas en el Libro de Ester. La reina Vasti estaba ocupada con las mujeres visitantes que habían llegado al palacio y no acudió al rey cuando éste le pidió que viniera. Aunque no se nos dan detalles de lo que el rey planeaba hacer con ella delante de sus hombres mientras estaba borracho, ella simplemente no acudió. Estaba ocupada sirviendo a las mujeres. Perdió su corona como resultado de su ajetreo y probablemente se convirtió en concubina. Lo más probable es que siguiera viviendo en el palacio, pero no en presencia del rey. La reina Ester ocupó su lugar más adelante, y en una ocasión, aunque no fue invitada a entrar en la sala del trono para ver al rey, fue de todos modos.

- Vasti preparó un banquete para las mujeres; Ester preparó un banquete para el rey.

- Vasti estaba demasiado ocupada para venir cuando se le ordenó; Ester vino cuando no fue invitada.

- Vasti perdió su corona; Ester salvó a su nación.

- Vasti estaba festejando; Ester estaba ayunando.

Me pregunto cuántas veces nosotros, como la esposa de Cristo, vivimos más como Vasti–ocupados con programas, horarios, responsabilidades, y todas las cosas buenas, pero no tomamos tiempo para el Rey cuando Él nos ordena venir. ¿Cuál es el resultado? No perdemos nuestro estatus como esposa, pero perdemos nuestra intimidad como esposa, y así como nuestra intimidad con el Rey se pierde, también perdemos nuestra influencia en el reino espiritual.

Está bien estar ocupado siempre y cuando estemos ministrando al Señor en oración y meditación. Recibir de Él y amarlo debe ser nuestra prioridad número uno. Pero cuando las ocupaciones nos roban el fuego y el celo, podemos morir congelados debido a nuestra falta de intimidad con Dios. Es sólo cuando tenemos nuestro fuego ardiendo por el Señor que Él nos ayudará a mantener un ritmo de gracia en nuestras vidas. El ritmo de nuestra vida llevará un sentido de Su gracia. Jesús vivió en ese ritmo. Pasaba noches y madrugadas con el Padre. Por lo tanto, Él no estaba ocupado; simplemente estaba presente con el Padre. No corría, caminaba. No usó un animal veloz para montar. Caminaba. Se podría pensar que Él debería haber vivido estresado, ansioso, agotado y agobiado, pero no fue así. Tenía que salvar al mundo, pero había paz en Él. De hecho, Él es llamado el Príncipe de paz.

La presencia de Dios nos da un ritmo en el que encontramos paz. Piense en esto: Jesús caminaba tan despacio que las personas heridas podían tocarlo. Nunca tenía prisa, corriendo de una reunión a otra. Siempre estaba presente con Su Padre todos los días del año. Sin ese tipo de intimidad, estamos ocupados, pero no presentes con Dios, corriendo en la rutina del desempeño, pero sin llegar a ninguna parte. Lamentablemente, podemos acabar corriendo más rápido que el ritmo de la gracia de Dios.

Una cosa que me afectó mucho cuando mi ministerio empezó a tener éxito, fue que cada vez me encontraba más ocupado. Me resultaba más difícil mantener mis tiempos devocionales, y a menudo me resultaba más difícil permanecer más tiempo en la presencia de Dios. Siempre tenía cosas que hacer, lugares a los que ir, personas con las que reunirme. Llegué al punto de sentir que sólo cumplía con una lista de cosas por hacer. Entonces el Señor corrigió mi actitud mostrándome la raíz de mi problema. Me señaló que no podría priorizar Su presencia en mi vida mientras mantenga la definición equivocada de "éxito". Mi victoria, si puedo llamarla así, era alcanzar al mundo, utilizar todo mi potencial y morir vacío. En otras palabras, quería causar un impacto significativo en el mundo para Dios; parecía una meta que valía la pena aspirar. Pero este era mi dilema: ¡Dios se convirtió en mi medio para alcanzar esa meta! Y terminé descuidando mi salud espiritual y mi familia para alcanzar esa meta. El Señor trajo a mi atención Colosenses 1:10 que dice: *"...para que andéis como es digno del Señor, agradándole en todo, llevando fruto en toda buena obra, y creciendo en el conocimiento de Dios".* La parte de *"agradándole en todo"* me golpeó fuerte. El Señor me recordó que Jesús no vivió su vida en la tierra para tratar de alcanzar al mundo o incluso para salvar a todos predicando a tantas personas como fuera posible. Él simplemente obedeció las instrucciones de Su Padre. Él estaba agradando a Su Padre. Su muerte en la cruz fue parte de esa obediencia a Su Padre. Murió muy joven. De hecho, los resultados al final de su vida no parecen muy atractivos para una persona que juzga por parámetros físicos o marcas alcanzadas. Sin embargo, Jesús dijo al final de Su vida que Él había terminado completamente toda la obra que el Padre le había encomendado. ¿Cómo puede ser eso? El Padre estaba complacido con lo que Jesús hizo. Bien, yo cambié mi meta después de esta revelación. Mi objetivo ahora es agradar a Dios y sólo a Él. Sí, quiero llegar al mundo y utilizar mi potencial, pero ese ya no es mi objetivo principal. Necesito permanecer de rodillas para reflexionar sobre qué tan bien estoy cumpliendo con mi objetivo final: ¿Está Dios complacido conmigo? ¿Estoy haciendo lo que Él me llamó a hacer? No estoy agradando a Dios si estoy compitiendo con otros, ¡y ni siquiera si soy bien conocido o tengo éxito a los ojos de los hombres! Combato el ajetreo yendo a la raíz del problema: esa es la definición de "éxito".

Expectativas no Cumplidas

Otra excusa que la gente suele utilizar para no avivar su fuego es la decepción. Lo que habían esperado, creído, ayunado y orado no sucedió. Tales expectativas insatisfechas se convierten en un caldo de cultivo para la ofensa (un cerco) con Dios, que apaga su llama espiritual. Es como agua derramada sobre su fuego. Salomón dijo: *"La esperanza que se demora es tormento del corazón; pero árbol de vida es el deseo cumplido"*. (Proverbios 13:12). Los dos discípulos que caminaban de Emaús también se sintieron así. Estaban muy decepcionados por el desenlace de todos los acontecimientos del fin de semana en que murió Jesús. Dijeron: *"Pero nosotros esperábamos que Él era el que había de redimir a Israel"* (Lucas 24:21). Sus esperanzas mesiánicas se habían despertado, pero el sueño de un Israel liberado murió con la muerte de Jesús. Todos los que han caminado con el Señor han experimentado esto en algún momento u otro. No importa cuánta fe usted tenga y cuánto ayune y ore, algunas cosas no salen como esperaba. Otras cosas tardan más en desarrollarse de lo que había planeado. En lugar de encender un fuego, algunas personas se encienden acumulando ofensas contra Dios.

María, Marta y Lázaro eran amigos de Jesús. Sin embargo, cuando Lázaro enfermó, Jesús no corrió rápidamente a sanarlo. Estoy muy seguro de que las hermanas pensaron que, como eran amigas tan estrechas, recibirían un trato especial. ¿No es ese uno de los beneficios de una amistad estrecha? Pero Jesús llegó tarde. Fue tan tarde que Lázaro ya había muerto y habían celebrado su funeral cuatro días antes. Es seguro que no cumplió las expectativas de las hermanas ni fue una respuesta a sus oraciones. ¿Y cuántas veces nos hemos encontrado en la misma situación? Nos esforzamos por desarrollar una relación más estrecha con el Señor, lo que luego alimenta nuestra fe en que todas nuestras oraciones serán contestadas. Entonces, cuando la oración no es contestada, nos desequilibramos. Es casi como, ¿cuál es el punto de toda mi oración, ayuno, dar y servir? No me malinterprete, no servimos a Dios para obtener algo de Él, pero aun así nos afecta cuando la vida se pone difícil y parece que Dios nos ignora.

María y Marta pedían por la sanación de su hermano, pero no la obtuvieron. En su lugar, obtuvieron una resurrección. Jesús no cumplió sus expectativas, ¡las superó! Sé que no todas las historias tendrán un final feliz como éste en este lado del cielo. Pero debemos estar seguros del carácter de Dios, de que Él es bueno incluso cuando todo a nuestro alrededor no lo es.

La fuente de mis decepciones siempre fue ver que otros conseguían un avance antes que yo, especialmente aquellos quienes me parecían que no habían pagado el precio. Sentía que eso era injusto. Por ejemplo, comenzó con algo como recibir el don de lenguas. Recuerdo que mi pastor nos reunió a todos los adolescentes para orar y ser llenos del Espíritu hablando en lenguas. Yo era dedicado al Señor, no quiero sonar arrogante, pero sí era más devoto que los otros. Esperaba obtener ese don inmediatamente. No sé si fue por autojustificación o un poco de orgullo espiritual, pero con excepción mía, todos los demás empezaron a hablar en lenguas. Eso fue decepcionante y humillante. Pero en vez de ofenderme, seguí esforzándome tras el Señor, orando y ayunando cada semana para posicionarme para recibir ese don. Sabiendo ahora, que es un don por el que no necesitaba esforzarme; podría haberlo recibido simplemente por fe. Aunque me faltaba comprensión, no me faltaba pasión.

Así que desarrollé el hábito del ayuno, y después de 6 meses de perseguir diligentemente al Señor, aguas vivas brotaron de mi vientre en el balcón del apartamento de mis padres, un sábado por la tarde. Obtuve el don mucho más tarde que los demás, pero en el proceso, Dios desarrolló en mí un estilo de vida de oración y ayuno. Yo quería el don de lenguas; Dios quería desarrollar en mí el hábito de la oración y el ayuno.

Un día, cuando Jairo, el principal jefe de la sinagoga, fue corriendo a Jesús, rogándole que curara a su hija, Jesús fue con él a su casa. Pero, de camino a realizar el milagro de curación de la niña, otra persona interrumpió a Jesús y consiguió un milagro simplemente tocando Sus ropas. Era la mujer con el flujo de sangre. Ella no pidió, rogó o suplicó; simplemente tocó. Jesús ni siquiera caminó hasta su casa. ¡Sucedió instantáneamente! Lo que a aquel hombre le costó caminar, a ella le bastó con tocar (véase Lucas 8:41-50). A veces, así es como obra el Señor. Algunos logran un avance con un simple toque, mientras que para otros se necesita un camino de fe. No tenga celos de alguien que consigue con un toque lo que para usted requiere tiempo. Rehúse de ofenderse con Dios si le toma más tiempo obtener lo que parece venir tan rápido para alguien más. Agar quedó embarazada rápida y naturalmente, pero, para Sara eso tomó muchos años y mucha fe (véase Génesis 16). Agar ni siquiera estaba en una relación de pacto con Dios.

El jefe de los coperos del faraón salió de la cárcel justo después de tener un sueño que José interpretó, pero José tuvo que esperar casi dos décadas antes de que todos sus sueños se hicieran realidad. E incluso estuvo encerrado en esa misma prisión unos cuantos años más antes de que lo liberaran y sus sueños se hicieran realidad. Esto resulta frustrante, decepcionante y hasta desgarrador. Este proceso es doloroso pero necesario, porque muy a menudo, el Señor permite que las decepciones purguen nuestros motivos. A Dios no le gusta que lo utilicen. No podemos usarle. Jesús tiene que ser nuestra meta, no un medio para alcanzar una meta. Si todo se trata de nuestro milagro, entonces nuestro avance puede convertirse en un ídolo y una distracción.

Para el principal de la sinagoga, Jairo, su decepción no fue sólo el hecho de que Jesús tardara en llegar a su casa cuando se detuvo para que una mujer fuera curada, (después de todo, ella no tenía cita para verle), sino que, debido a este retraso, las cosas empeoraron aún más en su casa. Su hija pasó de enferma a muerta. Y esto sucedió mientras caminaba con Jesús. El vino por una curación, ¡no para presenciar la sanidad de alguien más! Y entonces escuchó el reporte de que su niña había muerto, incluso mientras caminaba con Jesús hacia su casa. Es posible caminar con el Señor, incluso cuando las circunstancias en nuestra vida empeoran.

Volviendo a José, pasó de ser odiado a ser vendido, y luego a ser hecho esclavo, a ser acusado falsamente, hasta ser encarcelado. Todo esto sucedió mientras caminaba en el temor de Dios. ¡Ay! Pablo pasó de la prisión a un naufragio, a una tormenta, a la lluvia y al frío; las cosas fueron empeorando incluso mientras servía a Dios. Eso es decepcionante. Pero, aunque no es un proceso divertido, no tiene que matar nuestro fuego.

Encuentro consuelo en las palabras de Jesús cuando las cosas se pusieron más difíciles para Jairo. Justo cuando se enteró de la mala noticia de que su hija había muerto, leemos lo siguiente: *"Pero Jesús, luego que oyó lo que se decía, dijo al principal de la sinagoga: No temas, cree solamente"* (Marcos 5:36). Eso es asombroso. Jesús no abandonó a Jairo cuando las cosas empeoraron. Sólo lo animó a no rendirse; sólo a creer.

No tenga miedo de seguir caminando con Jesús, aunque las cosas empeoren. No deje que la demora y la decepción maten su ferviente devoción, su fuego. No entendemos ni podemos ver todo lo que sucede en el mundo espiritual.

¿Por qué algunas cosas suceden como suceden? ¿Por qué tardan tanto? Fíjese, cuando un arquero tira de una flecha por detrás del arco, la flecha no va hacia delante; pero lo que hace falta para empujarla hacia delante es tirar de ella hacia atrás. Cuando a veces vamos hacia atrás y Dios no parece cumplir nuestras expectativas, ¡ánimo! ¿Qué tal si Él está planeando superar esas expectativas? ¿Y si Él te está preparando para liberarte hacia adelante? ¿Y si, como con Jairo, Jesús está planeando una resurrección? ¿Y si usted no está siendo enterrado, sino simplemente plantado?

Manténgase cerca del Señor. Encienda un fuego más intenso. Profundice en Su Palabra. Permita que su corazón se encienda para que diga con aquellos dos discípulos: *"¿No ardía nuestro corazón en nosotros, mientras nos hablaba en el camino, y cuando nos abría las Escrituras?"* (Lucas 24:32). A sus decepcionados discípulos, Jesús les explicó que hay un proceso para las cosas: no hay corona sin cruz, no hay promesa sin proceso. Su presencia divina fue reconfortante para ellos; sus corazones volvieron a arder.

Alguien Hirió mis Sentimientos

Nazaret era la ciudad de residencia de Jesús, pero los ciudadanos de allí estaban ofendidos. Solamente recibieron unos cuantos milagros de Jesús. La ofensa es uno de los grandes extinguidores de Satanás. La ofensa bloquea su habilidad de recibir de Dios.

Cuando Jesús estaba predicando algunas cosas bastante pesadas, algunas personas no pudieron manejar la verdad y *"Desde entonces muchos de Sus discípulos volvieron atrás, y ya no andaban con Él"* (Juan 6:66). Muchos se ofendieron y se fueron. Jesús mencionó las ofensas: *"Sabiendo Jesús en sí mismo que Sus discípulos murmuraban de esto, les dijo: ¿Esto os ofende?".* (Juan 6:61). Ofenderse con Dios lo alejará a usted de Él. Ofenderse con otros hará lo mismo, alejándolo de la comunidad cristiana. La ofensa es el arma secreta del diablo para apagar su fuego por el Señor. El diablo a menudo causa ofensas para hacernos tropezar. Una vez, Jesús exclamó:

> *"¡Quítate de delante de mí, Satanás! Me eres tropiezo, porque no pones la mira en las cosas de Dios, sino en las de los hombres"*
>
> (Mateo 16:23).

En mi libro *Sé Libre* explico lo que una ofensa:

"La palabra más comúnmente usada en el griego para ofensa es *skandalon*, se menciona en Mateo 18:7. Skandalon es el disparador de una trampa en la que se coloca el cebo o carnada. Cuando un animal toca el disparador para comerse el cebo, la trampa se cierra y el animal queda atrapado. La ofensa es la incitación a una conducta que arruinará a la persona en cuestión.

Cuando mi esposa y yo vivíamos en un dúplex, en un momento dado, vi que en el sótano había un ratón. No soporto a esas pequeñas criaturas, y saber que estaban corriendo mientras dormía me daba escalofríos. Sabía que no era lo bastante rápido para capturarlos con mis manos o matarlos con un palo. Entonces hice lo que todo buen dueño de casa haría: me subí a mi carro, manejé a Walmart y compré unas trampas para ratones. Puse tocino y crema de cacahuete como cebo en las trampas, y las dejé para que hicieran su magia. Jamás me hubiera podido deshacer del ratón si éste resistiera la urgencia de comerse el tocino y crema de cacahuete. Jamás forcé al ratón a que tomara el cebo. De hecho, yo no estaba presente en la casa cuando al ratón se le rompió la espalda por la fuerza del gatillo. Esta es la manera exacta en la que el diablo trabaja.

Usted ve, él no puede llegar a nosotros directamente, porque estamos cubiertos con la sangre de Jesús, sirviendo a Dios, y caminando en el Espíritu. Le molestamos porque perturbamos su reino y frustramos sus planes en la Tierra. Así es que el diablo ha estado usando un método indirecto para atraparnos – el mejor método desde el principio de la creación: la ofensa."[6]

La ofensa es como un arma automática que, una vez que aprietas el gatillo, sigue disparando. La ofensa suele estar relacionada con el orgullo y el control. Los tres operan juntos como un trío demoníaco mortal. Una persona ofendida puede convertirse en un maniático del control. Si no puede controlar una situación o a una persona, abandonará la iglesia o cualquier otra comunidad. El orgullo también entra y siempre conduce a la caída (Proverbios 16:18). Una persona ofendida cree que la culpa es de otro y no de sí misma. La corrección se siente como un rechazo. La fealdad surge cuando otra persona hiere su orgullo. Corregir a una persona orgullosa y ofendida es como empezar la Tercera Guerra Mundial. Les preocupa más proteger su ego que crecer y madurar.

Las personas ofendidas sienten que se les debe algo. Se sienten traicionados cuando no reciben reconocimiento por su duro trabajo. Piense en el hermano mayor de la historia del hijo pródigo (véase Lucas 15). Él es un ejemplo de cómo la ofensa puede destruir tu intimidad espiritual con Dios. Cuando el hijo menor regresó a casa con un corazón arrepentido, su hermano mayor se ofendió. No, no se ofendió porque su hermano menor volviera a casa. Se ofendió porque su padre le hizo al hermano menor una fiesta, sacrificó a un becerro engordado, y le dio una nueva vestimenta, todas las cosas buenas que él sentía que tenía derecho a recibir. El hermano mayor había servido fielmente a su padre todo ese tiempo, pero nunca se lo habían reconocido. Tenía derecho a todo lo que recibía su hermanito, el perdedor. "Simplemente no es justo", gritó en su interior. Estaba tan ofendido que se negó a entrar en la casa. Estaba enfadado. Cuando su amoroso padre se acercó a él, el hijo mayor empezó a desahogar su ofensa, acusando a su padre de ignorarle. Para una persona ofendida, la culpa siempre es de los demás. Lamentablemente, esa historia termina sin que sepamos si el hermano mayor se arrepintió de estar ofendido o se quedó fuera, en el patio trasero.

Siempre habrá una oportunidad de ser ofendido. El diablo se encargará de ello. Siempre habrá alguien que recibirá algo que usted cree merecer en su lugar. Siempre que haya una oportunidad de ser ofendido, tenga cuidado con la trampa y su tentadora carnada. Los demás no lo tratan como usted cree que merece ser tratado. La gente no elogia su trabajo. Siempre habrá alguien que se atribuirá el mérito de lo que usted ha hecho. Si bien algunas cosas injustas deben abordarse, hay algo más importante que necesita ser tratado: nuestro corazón. A veces incluso albergamos frustraciones silenciosas con Dios mismo. Todos estos sentimientos pasados por alto, ignorados, abandonados, o incluso dejados de lado, deben ser llevados al pie de la cruz. Debemos amar a Dios, no porque todos nuestros sueños se hayan hecho realidad, sino porque Jesús sangró, murió y resucitó para que podamos ser hechos una nueva creación en Cristo.

Respetuosamente, debemos quitar nuestros ojos de lo que pensamos que merecemos por todas nuestras buenas obras y recordar que lo que realmente merecemos es arder en el lago de fuego por nuestros pecados.

Despreocúpese caminando diariamente con Jesús a Su ritmo de vida. Su gracia debe ser su ritmo. El diablo está tras su fuego. Él usa excusas, los muchos problemas complicados de la vida, su apretada agenda, y oraciones sin respuesta para hacerlo ignorar su llama, su fuego, su celo por el Señor. Le insto a que avive las brasas. Reavive el fuego que la lluvia ha apagado. Es mucho más cálido permanecer cerca del fuego que temblar bajo la lluvia.

CAPÍTULO 7

Los Nativos Encendieron el Fuego

N acido en una familia budista de Pusan (Corea), el 14 de febrero de 1935, David Yonggi Cho era el mayor de cinco hermanos y cuatro hermanas. Se graduó de la escuela secundaria con honores, pero sus esperanzas de una educación universitaria murieron cuando el negocio de su padre se quebró. Se matriculó en una escuela técnica menos costosa para aprender un oficio. Al mismo tiempo, visitaba a menudo una base militar estadounidense cercana y aprendió a hablar inglés haciéndose amigo de los soldados.[7]

Cuando estalló la guerra en Corea durante su adolescencia, el dinero y los alimentos eran tan escasos que sólo era habitual una pequeña comida al día. En 1953, la desnutrición y la insalubridad le provocaron un agrandamiento del corazón y la tuberculosis invadió sus pulmones. Enviado a casa para morir a los 17 años, el padre de Cho rezaba a Buda, pero el joven tenía poca confianza en las plegarias de su padre porque nunca vio que fueran respondidas.

Un día, una joven visitó la casa de Cho y pidió permiso para hablarle de Jesús al adolescente moribundo. Cho le ordenó que saliera de la casa de su padre, pero ella regresó durante varios días más a visitarlo, cada vez orando por él a pesar de sus maldiciones e intimidaciones. Al quinto día, ella se arrodilló para orar por él y empezó a llorar. Él se sintió profundamente conmovido y le dijo: "No llores... ahora conozco tu amor cristiano. Como me estoy muriendo, me haré cristiano por ti". Ella le dio su propia Biblia y le dijo: "Si la lees fielmente, encontrarás las palabras de la vida". Cho se echó a llorar y dijo que quería conocer a ese Jesús que la traía tan a menudo a su casa. Ella le dejó su Biblia y le indicó que leyera la historia de Jesús en el Nuevo Testamento, en los evangelios.

En su debilitado estado, un día caminó hasta una misión estadounidense y respondió al llamado de aceptar a Cristo.

Su familia renegó de él por considerarlo un "perro cristiano impío". Sin embargo, un misionero estadounidense, Louis Richards, lo acogió en su casa y empezó a discipular al joven moribundo y lo animó a buscar en Jesús la sanidad total. Una noche, mientras oraba, Cho tuvo una visión de Cristo que le inundó de cálido amor por el Dios de su nueva fe, y este amor burbujeó por su boca y empezó a hablar en otro lenguaje. Esto lo asustó, pero el misionero le explicó que este fenómeno era bíblico y que muchas otras personas también habían experimentado "hablar en lenguas". Aunque aún quedaban secuelas en su cuerpo por la debilidad física, su médico pronto notó que sus pulmones ya no mostraban signos de tuberculosis y su corazón volvió a su tamaño normal.[8]

David Yonggi Cho fundó la Iglesia del Evangelio Completo de Yoido con sólo 5 personas en una reunión en una carpa de campaña, que incluía a su futura suegra y a los hijos de ésta como primeros miembros. Esta iglesia se convirtió en la mayor congregación del mundo, con 830.000 miembros en 2007.[9] Nadie sabe el nombre de aquella joven que encendió una chispa en el moribundo adolescente budista, pero esa chispa creó un fuego que se extendió por toda la nación de Corea del Sur y por todo el mundo.

En el capítulo anterior leímos que, tras el naufragio, el apóstol Pablo y sus compañeros de navegación llegaron a la orilla de la isla sobre tablas flotantes, y allí los nativos encendieron una hoguera caliente a pesar de la lluvia y el viento frío.

> *Y los naturales nos trataron con no poca humanidad; porque encendiendo un fuego, nos recibieron a todos, a causa de la lluvia que caía, y del frío. 3 Entonces, habiendo recogido Pablo algunas ramas secas, las echó al fuego; y una víbora, huyendo del calor, se le prendió en la mano*
>
> (Hechos 28:2-3).

Note que Pablo ayudó a juntar ramas para encender este fuego, ¡pero fue alguien más quien lo encendió primero! Alguien puede encender un fuego en su vida, pero arderá más cuando usted agregue su manojo de ramas. Dios puede usar a los naturales para encender el fuego, pero usted tiene un papel que desempeñar añadiendo combustible a esa llama o de lo contrario el fuego no durará (trataremos más de esto en el próximo capítulo). Esos naturales podrían ser personas extrañas que le testifican acerca de Jesús. Podría ser una conferencia a la que usted pasa al altar y finalmente se rinde. Podría ser un retiro de la iglesia o un campamento en donde se encuentre con Dios como nunca antes lo ha hecho. Puede ser un video en YouTube que despierte una nueva pasión por Dios. Puede ser un libro que lea y encienda una llama en su alma.

Las Chispas Inician Fuegos

Hace poco leí sobre un adolescente de 15 años que lanzó fuegos artificiales en la garganta del río Columbia, en el estado de Oregón, lo que provocó que se quemarán 47.000 acres.[10] Ese "incendio de Eagle Creek" en 2017 ardió y ardió durante 3 meses. Incluso saltó el río hasta el estado de Washington. En California, una niña de 13 años provocó en 2014 el incendio en Los Cocos, que destruyó 36 casas.[11] En otro caso, un niño de 10 años provocó con cerillas el incendio de California Buckweed, que expulsó a 15.000 personas de sus hogares y destruyó 21 casas y 22 edificios.[12] Los grandes incendios se inician con pequeñas chispas. Lo mismo ocurre en el ámbito espiritual. Dios enciende el fuego en los corazones utilizando lugares y personas. La zarza ardiente encendió a Moisés, lo que resultó en la liberación de una nación. Moisés encendió a Josué, lo que lo llevó a conquistar la tierra prometida. La voz que le habló al niño Samuel encendió una llama en él. Samuel encendió ese fuego en el joven David cuando derramó aceite sobre su cabeza. En el aposento alto, el fuego cayó sobre 120 discípulos, desencadenando un movimiento que se extendió por todo el mundo. A veces, Dios enciende el fuego en una persona a través de una visita sobrenatural. Otras veces, Él usa a alguien para encender ese fuego a través de la impartición. Pablo tuvo un encuentro con Jesús en el camino a Damasco, pero Timoteo recibió dones espirituales cuando Pablo le impuso las manos. Dios puede elegir encender la llama en usted directamente a través de visitas sobrenaturales o indirectamente a través de impartición divina.

Los nativos encendieron un fuego. Pablo simplemente echó un puñado de leña al fuego que ellos habían encendido. Dios enciende el fuego, nosotros somos responsables de mantenerlo encendido. (Más adelante hablaremos de ello).

Cuando era adolescente, mi pastor, que también es mi tío, encendió esa chispa en mi alma. Él habló proféticamente en mi vida muchísimas veces, de que Dios me usaría y yo alcanzaría al mundo para Jesús. Él fue ese nativo de Ucrania que encendió mi llama. Yo tenía 13 años, era inseguro, estaba confundido y luchando. No importaba que lloviera e hiciera frío en mi vida; él encendió la cerilla que encendió mi fuego por el Señor.

Hubo un incidente que nunca olvidaré. Cuando tenía unos 14 años, ya predicaba semanalmente. Mi pastor nos hacía predicar por la mañana en nuestra iglesia y luego por la tarde nos llevaba a predicar también fuera de la ciudad. Así que, mi ministerio itinerante comenzó a la edad de 14 años, ¡ja, ja, ja! En uno de esos viajes, hablé en una iglesia en el área de Seattle. Después de un poderoso servicio, una abuela anciana se abrió paso entre la multitud, se acercó a mí y me tomó de la mano. Con ojos penetrantes y una voz emocionada, ella me miró y me dijo que, durante mi predicación, tuvo la visión de una trompeta en mis labios y un fuego saliendo de la trompeta. Era la primera vez que recibía una profecía y una visión acerca de mí. Encendió en mí una santa pasión por buscar a Dios de todo corazón. Desde entonces, he recibido cientos de palabras y visiones proféticas, pero aquella de Seattle encendió una llama. Creo firmemente que el Espíritu Santo desea urgentemente que encendamos fuegos en otras personas. La profecía, las visiones y los sueños no son para hacer cosquillas en los oídos de la gente, ¡sino para encender su fuego!

Los Eventos Conducen a Experiencias

Su encuentro con Dios en una conferencia de la iglesia, en un campamento o en el altar puede encender un fuego que cambiará la trayectoria de su vida. He sido testigo de ello en nuestras conferencias: demonios saliendo de las personas, enfermos siendo sanados, atados siendo liberados, almas siendo salvadas, creyentes siendo avivados. Estos encuentros pueden ser como esos nativos que encienden el fuego. Pero por muy bueno que sea, usted no puede sobrevivir de conferencias; estas sólo pueden encender el fuego.

Una cosa que hacemos durante nuestros servicios de liberación es pedir a la gente que traiga al altar objetos demoníacos y cualquier otro artículo que sea destructivo. Eso en sí mismo es un poderoso momento de libertad para muchas personas. He visto a muchas personas liberarse de las drogas y los cigarrillos cuando ponen esos objetos en el altar. Dios utiliza momentos significativos como esos para encender un fuego.

Los campamentos juveniles son lugares que crean chispas divinas. El año pasado fui testigo de una familia que tenía una hija que no quería tener nada que ver con el cristianismo. Esta familia era de otro estado. Les pedí que enviaran a su hija a nuestro campamento juvenil anual. Ella fue y algo sucedió en la segunda noche allí. Yo estaba predicando y la vi recibiendo el mensaje, tomando notas. Cuando llegó el momento de la llamada al altar, ella fue una de las primeras personas en el altar, llorando como loca, y terminó hablando en lenguas esa misma noche. Volvió a casa como una adolescente encendida. En aquel campamento de verano surgió una chispa.

Dios usa eventos, lugares y personas para encender un fuego. Sin embargo, el avivamiento no es un evento, sino un estilo de vida. Muchos de nosotros podemos atribuir el avivamiento en nuestra propia vida a un evento específico que lo encendió. No subestime la importancia de los avivamientos, las conferencias y los campamentos. Las actividades regulares de la iglesia, los programas y los horarios están bien, pero de vez en cuando, necesitamos salir de nuestros patrones de vida predecibles y familiares. Es allí en donde usted encontrará chispas esparciéndose.

Preste Atención

Vivimos en una época en la que la mayoría de nosotros vemos videos en YouTube, probablemente estamos suscritos a un podcast y descargamos un libro en una tableta o lo compramos en línea. Libros, podcasts, videos de YouTube pueden ser un "nativo" que Dios podría utilizar para encender un fuego. Pero también pueden ser utilizados por el diablo para apagar un fuego. Esto va en ambos sentidos. La música, los libros y los videos pueden encender el fuego o apagarlo.

Recuerdo cuando las cintas de casete encendieron inicialmente una llama dentro de mí con respecto al temor del Señor. Estaba hambriento por un avivamiento así que traté de alimentarme con casetes sobre avivamientos. Una vez compré una serie de 7 cintas de cassette sobre el gran Avivamiento en Argentina. Escuché atentamente la historia de cómo la iglesia argentina luchó y finalmente sintió el llamado de Dios a clamar fervientemente por un avivamiento.

Comenzó con muchos jóvenes que se llenaban tanto de un espíritu de intercesión que las alfombras se empapaban de lágrimas. La gloria de Dios visitó aquella nación. Y escuchar aquellas cintas despertó en mí un deseo de oración intensa que produjo la convicción de mis propios pecados. Acababa llorando durante horas en el suelo pidiendo a Dios que limpiara mi corazón. Sí, Dios puede utilizar sermones en audio para provocar un avivamiento.

La Biblia dice que la fe viene por el oír (Romanos 10:17). Hay cosas que pueden entrar en tu vida por la puerta del oído. Por lo tanto, debemos vigilar que la puerta del oído esté abierta solo a las cosas del Espíritu Santo. Muchos cristianos escuchan música donde las letras glorifican el sexo, las drogas, las pandillas, o a la propaganda de los movimientos e ideologías "políticamente correctas". Y luego se preguntan por qué están luchando con malos hábitos, maldiciones y pensamientos lujuriosos. Si realmente usted quiere arder por Dios, entonces pídale que encienda el fuego a través de lo que escucha. Escuchar música secular y tratar de vivir una vida santa es como beber agua del inodoro y aun así tratar de mantenerse saludable. Deje que la puerta de su oído se abra sólo a música y mensajes piadosos, y verá cómo eso creará una chispa. Nuestra cultura está dominada por la impiedad. El enemigo usa música, ritmo y letras para encender y mantener su avivamiento de pecado, inmoralidad y perversión.

Jesús dijo,

"Mirad lo que oís; porque con la medida con que medís, os será medido, y aun se os añadirá a vosotros los que oís"

(Marcos 4:24).

Preste atención a aquello a lo que dedique su atención, porque aquello a lo que dedique su atención hoy, producirá su apetito mañana. El apetito proviene de aquello en lo que usted piensa y se concentra. La atención de hoy produce el apetito de mañana. Si quiere tener apetito por Dios, preste mucha atención a las cosas de Dios. Su atención es la moneda de su apetito espiritual. Por eso se dice en inglés, "pay attention", que literalmente se traduce: "pagar atención". Usted está pagando por las cosas por las que tiene apetito con la atención que les presta. La atención crea apetitos. Los apetitos pueden ser un bioma o la flora y fauna favorables para el crecimiento de las adicciones. Lo que usted consume hoy puede controlarlo mañana.

Examine su atención, su enfoque y su corazón. ¿Le causan paz o ansiedad?

¿Lo están haciendo arder por Dios o lo están consumiendo? ¿Lo nutren o lo adormecen? ¿Lo entretienen o lo equipan? Dios quiere usar la puerta del oído para provocar cambios en su vida espiritual, para encender un fuego en su alma.

¿Abrirá esa puerta sólo a cosas piadosas?

Ojos en Llamas

Los ojos también son una puerta, pero son la puerta de entrada al alma. No puede haber fuego en el corazón sin chispas que entren por los ojos. Igual que ocurre con los oídos, ocurre con los ojos. Sólo piense ¿cuál es la forma habitual en que los hombres y las mujeres arden de lujuria? Comienza con los ojos. Sansón vio a una mujer antes de acostarse con ella. David vio a Betsabé antes de cometer adulterio con ella. Aunque ya era demasiado tarde, David resolvió después no poner nada perverso ante sus ojos. Él sabía que no podía estar ardiendo por Dios en su corazón y aún así permitir que lo que viera lo contaminara. Job dijo que tenía que poner un candado en esa puerta de los ojos. Dijo: *"Yo había convenido con mis ojos no mirar con lujuria..."* (Job 31: 1, NVI).

Los ojos de Jesús están llenos de fuego puro y santo. Si Dios va a venir y encender un fuego en su corazón, Él entrará a través de la puerta llamada sus ojos. Si el diablo viene a destruirlo, también entrará por esa misma puerta. Jesús enseñó:

"Los ojos son la lámpara del cuerpo. Por tanto, si tus
ojos son buenos, todo tu ser disfrutará de la luz. Pero
si los ojos son malos, todo tu ser estará en oscuridad"
(Mateo 6:22-23, NIV).

Una forma en la que el fuego santo se enciende en su corazón es a través de la lectura. Ante todo, esa lectura debe ser la Palabra de Dios. La Biblia está inspirada por Dios (2 Timoteo 3:16). Eso significa que cuando la lee, es como si usted le permitiera a Dios soplar en su alma. No es de extrañar que leer la Palabra de Dios traiga tanto beneficio, inspiración y aliento a su vida. Dios dijo que Su Palabra es como fuego (Jeremías 23:29). Leer la Biblia enciende un fuego, y meditar en ella aviva la llama. Cuando Jesús habló a sus discípulos que caminaban hacia Emaús, sus corazones se encendieron y sus vidas nunca volvieron a ser las mismas.

"Y se decían el uno al otro: ¿No ardía nuestro corazón
en nosotros, mientras nos hablaba en el camino, y
cuando nos abría las Escrituras?"
(Lucas 24:32).

Todo lo que Jesús hacía mientras caminaba con ellos era explicarles las Escrituras sobre Él mismo. La Biblia no sólo cobró vida, sino que encendió una llama en sus almas. La Palabra de Dios arde con amor. Purga los pensamientos pecaminosos. Enciende un fuego de pasión santa en su alma.

La Dieta Determina el Destino

Leer la Palabra de Dios permite que el fuego de Dios penetre en su alma a través de sus ojos. Leer libros llenos del Espíritu cristiano también puede crear una chispa. Pero, ningún libro debe ser valorado al mismo nivel que la Santa Biblia. Los libros cristianos son solo suplementos, no la fuente. La Biblia es la única fuente de la verdad.

Soy un gran defensor de los libros cristianos inspirados por el Espíritu. Mi vida ha sido muy impactada por ellos. En mi adolescencia, cuando leí el libro *El Sexo y un Alma Soltera* de Jack Hayford, me llegó la revelación de que debía haber una fuerza espiritual demoníaca detrás de mi obsesión por la pornografía.

Esa revelación me llevó no sólo a arrepentirme sinceramente, sino también a involucrarme en la guerra espiritual. Fui liberado de la pornografía. El libro *La Búsqueda de Dios* de A.W. Tozer encendió un fuego en mi alma para buscar fervientemente a Dios por encima de todo lo demás. El libro *La Vid Verdadera* de Andrew Murray me enseñó a permanecer en Él. El libro *La Cuarta Dimensión* de David Yonggi Cho me enseñó el poder de una imaginación santificada y cómo está conectada con la fe. El libro de Benny Hinn *Buenos Días, Espíritu Santo* me mostró que el Espíritu Santo es una Persona. El libro de Robert Morris *La Vida Bendecida* me dio un marco para la generosidad radical, que es algo que sigo practicando hasta el día de hoy. El libro de Jentezen Franklin *El Ayuno* encendió mi corazón para ayunar. El libro de Leonard Ravenhill *Por qué no Llega el Avivamiento* encendió en mi vida la chispa de la oración. El libro *Bajo el Abrigo* de John Bevere puso una chispa en mi vida para honrar a la autoridad. El libro de Watchman Nee *La Vida Cristiana Normal* puso una chispa en mi corazón acerca de mi identidad. Y la lista sigue y sigue.

Leer la Palabra es como comer espiritualmente. Y si somos lo que comemos, también nos convertimos en lo que leemos. Lo que Eva eligió comer la expulsó del paraíso (véase Génesis 3:23). Lo que Esaú eligió comer, lo hizo perder su bendición

(Génesis 25:33). Usted puede estar en un buen lugar con Dios, pero si empieza a alimentarse con comida chatarra espiritual se enfermará espiritualmente. Usted puede estar en un punto débil ahora mismo con Dios, pero si elige empezar a alimentarse con comida espiritual fresca, se hará más fuerte. Los buenos libros estimulan el crecimiento espiritual. Pero tenga cuidado con lo que lee, porque comer lo incorrecto también puede enfermarlo espiritualmente. Pídale a Dios discernimiento sobre qué leer.

Recientemente me encontré en una situación incómoda. Mi amigo, el pastor Ilya, me recomendó unos suplementos vitamínicos para aumentar las funciones cognitivas destinadas a ayudar a que mi cerebro funcione aún mejor. Mi esposa hizo el pedido. Seguí las instrucciones de la etiqueta de tomar dos pastillas al día. Cuando lo hice, de repente me sentí mal, con ganas de vomitar. Esperé unos días para probarlas de nuevo y tuve el mismo resultado. Pensé que quizás algo andaba mal con mi cerebro. Le pregunté a mi amigo Ilya si tenía los mismos síntomas y me dijo que no. Al ver las instrucciones en el frasco leí en la misma etiqueta que los suplementos que había estado tomando para la función cognitiva eran *sólo para perros*. Supongo que la misma compañía que fabrica suplementos para humanos también los fabrica para perros. Curiosamente, esos suplementos no enfermarían a un perro, pero sí me enfermaron a mí. Discernimiento es lo que se necesita para que no tomemos suplementos que no son para cristianos. Tal vez esos libros y materiales son perfectos para aquellos que están pereciendo, pero para nosotros que estamos salvados, pueden enfermarnos. Busque libros que provoquen una chispa, no enfermedad.

Fresca, Rápida y Falsa

Cuando se trata del tipo de enseñanza que permitimos que influya en nuestras vidas, quiero ofrecerle aquí algunas ideas. Vivimos en una época en la que sólo porque usted no está de acuerdo con un predicador, puede pensar que eso lo convierte en un falso maestro. Sí, los falsos predicadores existen, y las Escrituras nos advierten acerca de ellos, pero como cristianos, no podemos lanzar el término "falso maestro" o "falso predicador" a la ligera. No debemos etiquetar a alguien como falso maestro simplemente porque enseñan en un estilo al que no estamos acostumbrados o porque usan jeans rotos, tienen tatuajes y usan aretes. Quiero dividir este tema en tres categorías que pueden ayudarle a entender mejor qué características indican que alguien es un "falso maestro" o no. Estas son: la enseñanza fresca, la enseñanza comida-rápida, y la falsa enseñanza.

La "enseñanza fresca" se refiere a enseñanzas bíblicas recién extraídas de la Palabra de Dios que dan nuevas y más profundas percepciones, una nueva mirada sobre lo antiguo. La "enseñanza fresca" exalta a Jesús con revelaciones más profundas de Su naturaleza y carácter. Podría ser un libro sobre el poder del Espíritu Santo, o un artículo sobre la oración que glorifica a Dios. Este tipo de enseñanza piadosa no es sólo motivacional o inspiradora; revela la verdadera naturaleza pecaminosa del hombre, la realidad de que el infierno es caliente, y el regalo redentor que hubo en la cruz.

La "enseñanza comida-rápida" se centra principalmente en lo que lo hace sentir bien. La mayoría de las veces, estos predicadores son oradores motivacionales más que predicadores de toda la palabra de Dios. Honestamente, no está mal, pero sólo saca provecho de un tema o una doctrina sobre otras en las Escrituras. En Hechos 20:27 Pablo dice, *"porque no he rehuido anunciaros todo el consejo de Dios"*. Esto indica que hay predicadores que no declaran todo el consejo de Dios. Pueden predicar sólo el 80% del consejo de Dios en lo que se refiere a la fe, el ayuno, la oración, la gracia y el pecado sin tocar temas como la sanidad, los dones del Espíritu Santo y la liberación de demonios. Los cristianos a veces juzgan a aquellos que son "predicadores de comida-rápida" y los etiquetan como falsos maestros simplemente porque no predican sobre todos los otros temas de la Biblia.

Hechos 18:24-28 da un ejemplo del predicador Apolos. Era un hombre elocuente, poderoso en las Escrituras, y que predicó en la ciudad pagana de Éfeso. Era *"de espíritu fervoroso, hablaba y enseñaba diligentemente lo concerniente al Señor, aunque solamente conocía el bautismo de Juan"*. Mientras predicaba en la sinagoga, Priscila y Aquila se dieron cuenta de que a Apolos le faltaban ciertos elementos en su enseñanza, así que se lo llevaron aparte. Sin embargo, no lo hicieron para calificarlo de falso maestro por predicar lo que él entendía sobre el bautismo de Juan, sino que le *"le expusieron más exactamente el camino de Dios"*, para introducirlo en todo el consejo de Dios.

La "falsa enseñanza" que se enseña y promueve en videos, podcasts y libros es algo que debemos evitar. Todos los escritores del Nuevo Testamento se ocuparon de esa cuestión. Pedro aborda esto en su segunda carta, destacando que un falso maestro es alguien que niega a Jesucristo, se gloría de la libertad cristiana, pero en realidad es indiferente a sus deberes cristianos (véase 2 Pedro 2). Esto significa que hay personas que predican que sólo porque uno es salvo, puede seguir pecando. Y luego se aprovechan de sus seguidores para enriquecerse. Jesús nos advirtió que a los falsos maestros se les conoce por sus frutos (véase Mateo 7:15-20). Llevan una vida permisiva y tolerante con todo, y se entregan a la práctica del pecado.

Debemos aprender a crecer en discernimiento. Encuentre enseñanzas, predicaciones, libros y podcasts que le ayuden a convertirse en un hombre o mujer de Dios bien formado. Pero recuerde, aunque es beneficioso leer otros libros, nuestra fuente primaria de enseñanza debe ser la Palabra escrita de Dios. Permanezca en la Palabra de Dios. Todo lo demás, como comentarios, diccionarios, sermones en YouTube, y libros (incluyendo los míos) son sólo un suplemento para su crecimiento espiritual. No necesitamos depender de recursos adicionales para entender la Biblia; simplemente necesitamos que el Espíritu Santo nos explique lo que Él mismo inspiró. Los libros ayudan, pero el Espíritu Santo es el Maestro más grande.

Encuentros con Dios

Si bien es cierto que Dios utilizará lugares y personas para encender un fuego, no quiero restar importancia a sus encuentros personales con Dios que pueden cambiar el rumbo de su vida. Moisés, al fondo del desierto, tuvo una conversación sobrenatural con Dios que alteró el curso de su vida. Gedeón, mientras se escondía de los madianitas, se encontró con un ángel que cambió el resto de su vida. Dios habló audiblemente a Pablo en el camino de Damasco y el resto es historia. Aunque no todos los encuentros serán tan dramáticos o similares, Dios a menudo provoca algo a través de encuentros personales y sobrenaturales. Esos momentos, por breves que sean, forman un impulso espiritual que crean un movimiento dramático en nuestra vida. Los encuentros con Dios, ya sean pequeños o grandes, pueden ampliar su visión de lo que considera "normal" y cambiar su rutina. Si bien las rutinas pueden ser beneficiosas, también pueden mantenerlo atascado en el mismo surco espiritual. Las visitas sobrenaturales de Dios, ya sea en oración, mientras lee las Escrituras, o incluso en sueños y visiones, pueden sacarlo de lo familiar y devolverle una santa fascinación por Dios.

Los sabios de Oriente seguían una estrella, buscando al Rey de los judíos, pero cuando llegaron a Jerusalén, se encontraron con eruditos religiosos que ya sabían dónde se suponía que iba a nacer. Los escribas tenían toda la información correcta, pero les faltaba pasión para actuar de acuerdo con esa información y buscar al Cristo del que habían leído. Los sabios querían ver al Rey Jesús. Como dice la famosa cita: "Los sabios aún lo buscan". Siguieron su estrella, mientras que los eruditos se limitaron a leer sobre Él. Y la búsqueda de los sabios no fue en vano. Se encontraron con Jesucristo. No sólo leyeron acerca de Él, sino que lo vieron. Fue un simple encuentro, pero realmente poderoso. Desató en ellos la adoración y la generosidad radical hacia el Salvador. ¡No volvieron por el mismo camino! Su dirección cambió.

La razón por la que sus encuentros con el Señor pueden ser pequeños, especialmente si los compara con el encuentro de otra persona, es porque están destinados a ser sólo una chispa para usted. Desde que tengo uso de razón, he deseado tener un encuentro poderoso con Dios. Creo que ese deseo estaba arraigado en mi creencia de que cuanto mayor fuera el encuentro con Dios, mayor sería el impacto que mi vida tendría en este mundo. Sería sensato admitir que mi deseo no era por Dios, sino por mí mismo. Mi punto de vista cambió con el tiempo. Se convirtió en querer conocer a Dios sólo por conocerlo personalmente, no por lo que pudiera obtener de Él. Aprendí a ver que todos los "encuentros con Dios" son como las cerillas de seguridad que se utilizan para encender algo inflamable, no para ser un fin en sí mismas. Los encuentros no son la experiencia definitiva, sino peldaños de una escalera que conduce hacia arriba.

Recuerdo aquel encuentro con el Espíritu Santo cuando era una adolescente de 14 años que buscaba fervientemente el don de hablar en lenguas. Un hambre intensa de anhelar más de Dios me llevó a orar diariamente y a ayunar semanalmente. Entonces, por fin, llegó el momento decisivo, a las 2 de la tarde de un sábado, en el balcón del dúplex de mis padres. No estoy seguro de por qué decidí orar en el balcón, pero ríos de agua viva fluyeron de mí de una manera que nunca antes había experimentado. Un lenguaje celestial fluyó y ¡qué dulce experiencia fue esa! Mi vida de oración quedó marcada, cambió para siempre.

Dos años más tarde me convertí en líder de los jóvenes a la edad de 16 años. El primer pastor de jóvenes renunció después de seis meses, luego el segundo pastor de jóvenes renunció después de seis meses. Yo era el tercero, y después de seis meses, decidí renunciar también. No estaba listo para un ministerio juvenil. No estaba listo para ser líder ni estaba equipado y menos aún preparado para esto. De hecho sólo siete jóvenes asistían a las reuniones y la mayoría eran parientes míos.

Una de esas desagradables reuniones de jóvenes fue la gota que colmó el vaso. Decidí llamar a mi tío, mi pastor, y dejarlo todo. Pero un encuentro divino con Dios cambió todo eso. De camino a casa, mi familia se detuvo en una tienda de comestibles. Entraron en la tienda y yo me quedé en el auto. Me desmoroné por la decepción, sintiéndome derrotado. Pero de repente oí la voz interior de Dios, no audible pero sí muy, muy real. Esto es lo que sentí que Él dijo: "Si no renuncias, pastorearás una iglesia donde vendrá gente de todas las naciones del mundo–los hambrientos serán alimentados, los enfermos serán sanados, los endemoniados serán liberados, y los perdidos serán encontrados". Aquellas palabras de aliento encendieron en mí el fuego para servir a Dios. Nunca llamé a mi pastor para renunciar. Mi fuego comenzó a arder. Yo tenía tan sólo 16 años.

Durante los siguientes 10 años no vi mucho progreso en mi ministerio, pero me aferré a esa palabra, o puedo decir, esa palabra me sostuvo. A menudo visitaba ese lugar en el estacionamiento del supermercado para recordar lo que

Dios me dijo. Hoy veo que está sucediendo exactamente lo que Dios me prometió cuando tenía 16 años. Fue aquel inolvidable encuentro en el auto lo que me encendió para hacer lo que estoy haciendo hoy. A veces Dios nos enciende directamente con una palabra, un toque o una experiencia. Otras veces lo hace indirectamente a través de un libro, un evento o una persona. Lo importante es iniciar algo. Encender un fuego.

Un encuentro íntimo con Dios le cambiará la vida, pero los encuentros continuos con Dios cambiarán su mundo. Una visita de Dios puede y debe conducir a visitas constantes con Él. El encuentro con Dios hablándole en la zarza ardiente en "Su monte" fue sólo el principio. Siguió volviendo a "Su monte" para continuar sus encuentros con el Señor. Su primer encuentro dejó una marca en su vida, pero sus continuos encuentros con el Señor dejaron una marca en el mundo.

¡Dios quiere encontrarlo y encenderlo! Manténgase abierto a las personas que Dios envía a su vida para encender un fuego en su corazón. En lugar de esperar una gran manifestación de algún encuentro maravilloso con Dios, aprenda a usar y desarrollar lo que Dios ya le ha dado. Absténgase de comparar su experiencia con la de otra persona. Cada experiencia es sólo una chispa que Dios usa para crear una llamarada en su vida personal. Pero recuerde, las chispas se desvanecen. Al igual que los nativos encendieron una hoguera, pero las llamas necesitaban constantemente más combustible. Aunque Pablo recogió un manojo de leña para encender el fuego, todavía hacía falta más. En el próximo capítulo profundizaremos por qué muchas chispas no conducen a un cambio duradero.

CAPÍTULO 8

Un Manojo de Ramas

Cuando le pedí a mi novia que se casara conmigo, le regalé un anillo como muestra de mi amor por ella. Nuestra boda fue increíble; al menos así me pareció a mí. Llevaba mucho tiempo ahorrando dinero para la boda y me enorgullecí de no habernos endeudado. Todo parecía glorioso. Mis padres estaban felices y mi novia también parecía estar feliz. Pero más tarde me enteré de que a mi esposa no le gustó mucho y me sentí bastante decepcionado. Ella no quería que hubiera tanta gente desconocida en la boda. Una de las cosas que decidimos hacer al principio de nuestro matrimonio fue renovar nuestros votos matrimoniales cada 10 años con una ceremonia nupcial real. Así que, diez años después de nuestra primera boda (suena un poco raro), celebramos nuestra segunda boda. Esta vez fue como mi esposa quería, muy íntima, con familiares y amigos cercanos, en el jardín de la casa de mis padres. También le regalé un segundo anillo de bodas, mucho mejor que el primero.

Técnicamente he estado casado dos veces con la misma persona. No renovamos nuestros votos porque nuestro matrimonio tuviera problemas, sino porque queríamos invertir en nuestra relación. Una cosa es enamorarse y otra muy distinta caminar en amor. Recuerde que tener una gran boda no significa que usted vaya a tener un gran matrimonio.

Si bien disfruto el celebrar y asistir a grandes ceremonias de boda, lo que más me cautiva son los matrimonios fuertes y duraderos. Una boda puede ser bonita porque se le dedica mucho esfuerzo y planificación. Pero los matrimonios sufren cuando los cónyuges se vuelven perezosos y no se molestan en poner nada de su parte.

Mi esposa y yo tomamos una decisión consciente de que nuestro matrimonio siempre sería nuestra prioridad, por lo que nuestro ministerio fluiría de nuestro matrimonio. Nuestro matrimonio no obtendría las sobras después del ministerio. Hemos hecho todo lo posible para dar prioridad a las citas para tomar café, las cenas, las escapadas y las vacaciones. Lo más importante son nuestros 10 a 15 minutos diarios de escucharnos intencionalmente.

Es una verdad bien conocida que los grandes matrimonios no ocurren por accidente; ocurren a propósito. Lo mismo sucede en nuestra relación con Dios. Tener un gran comienzo en su caminar con Dios en una conferencia, campamento, o una experiencia en el altar es como tener una gran boda. Eso es grandioso, pero ¿se traduce en el estilo de vida de buscarlo a Él? El avivamiento no es un evento, es un estilo de vida. Hay un precio que pagar para continuar viviéndolo.

Así que volvamos a las bodas y los anillos. Poco antes de nuestro décimo aniversario, el primer anillo de mi esposa desapareció. Fue después de nuestro viaje ministerial a Filipinas, justo antes de la pandemia de Covid. Lana no me dijo que el anillo había desaparecido. Tampoco me di cuenta de que llevaba uno diferente. (Las joyas no son lo mío.) Y entonces celebramos nuestro 10° aniversario con una nueva boda y la renovación de nuestros votos y mi esposa recibió un anillo de boda más lindo.

Un año más tarde, organizamos la conferencia *Levantados para Liberar* (Raised to Deliver conference) en Vancouver, Washington. Después de la conferencia, al salir del hotel para volver a casa, Lana entró en pánico. Le faltaba su anillo nuevo. Volvimos a buscarlo en la habitación y el anillo había desaparecido. Presentamos un informe y sólo entonces me enteré de que a Lana le faltaban ambos anillos, el primero después del viaje a Filipinas y ahora el segundo después de una exitosa conferencia. Digamos que no estaba muy contento. Por supuesto, estaba buscando a alguien a quien culpar. Al principio, culpé a mi esposa y me enfadé con ella porque estaba perdiendo sus anillos de boda. Dije, no más anillos. Le recordé que mis raíces pentecostales tradicionales ni siquiera permitían las joyas, así que tal vez debería volver a ellas. Por supuesto, estaba enfadado. Mi esposa admitió que había perdido el primer anillo, pero que el segundo se lo habían robado. Unos años más tarde, encontramos el primer anillo en una gaveta. Pero el segundo, que desapareció después de la conferencia, sigue desaparecido.

Aprendí una valiosa lección: hay una clara diferencia entre algo que es robado y algo que simplemente desaparece. Perdemos cosas por descuido, y a veces más tarde somos capaces de encontrarlas. Pero, por otro lado, cuando algo es robado, siempre es obra de un ladrón. El diablo es ladrón y bombero: quiere apagar su precioso fuego. Sin embargo, a la mayoría de nosotros el diablo no nos roba el fuego. Lo perdemos. El fuego simplemente se apaga por sí solo, no porque el diablo haya tenido algo que ver con eso, sino porque nosotros fallamos en mantenerlo ardiendo.

El Fuego Necesita Combustible

Entonces, habiendo recogido Pablo algunas ramas secas, las echó al fuego; y una víbora, huyendo del calor, se le prendió en la mano

(Hechos 28:3).

Pablo recogió algunas ramas para echarlas al fuego que encendieron los naturales de la isla. Ellos lo encendieron, pero él lo mantuvo encendido echándole más leña. Debe comprender que el fuego necesita combustible. Una chispa no basta para mantenerlo encendido. Una chispa basta para encenderlo, pero alguien tiene que echarle más leña al fuego. De lo contrario, el fuego se apagará. Es por eso que el fuego que usted recibe en una conferencia muchas veces no dura. La chispa que usted recibe en un servicio de avivamiento no durará si no empieza a ponerle leña inmediatamente. Muchas personas se encienden, pero pronto pierden el fuego, no porque el fuego que tuvieron no fuera real sino porque cualquier fuego necesita combustible. En lugar de recoger leña, vamos de conferencia en conferencia buscando un hombre de Dios que pueda ser usado para encender nuestro fuego de nuevo. Es como ir de chispa en chispa, buscando chispas. Los nativos pueden encenderlo, pero usted mismo es responsable de reunir un manojo de ramas, o de lo contrario ese fuego morirá.

He estado en primera fila observando cómo los jóvenes se encendían en un campamento de retiro, pero también he sido testigo de cómo se volvían tibios poco después. Muchas veces he visto a adultos encenderse por el Señor en el altar, pero fallar en llevar ese fuego a sus hogares. Desarrollamos una dependencia malsana a los eventos simplemente porque no hemos desarrollado altares personales en casa. Comenzamos a vivir según las emociones exageradas en lugar de acuerdo a hábitos santos. Hemos tenido momentos poderosos que no duran. En lugar de convertirlos en un impulso que dure y crezca con el tiempo, dejamos que se desvanezcan.

Por eso a los sacerdotes del Antiguo Testamento se les ordenó mantener encendido el fuego. *"Y el fuego encendido sobre el altar no se apagará, sino que el sacerdote pondrá en él leña cada mañana, y acomodará el holocausto sobre él, y quemará sobre él las grosuras de los sacrificios de paz"* (Levítico 6:12). Quiero que vea que Dios no esperaba que el fuego siguiera ardiendo sin que alguien pusiera leña en el altar. Dios puede iniciarlo, pero nosotros debemos mantenerlo encendido. Nuestro Dios, que responde por medio del fuego, también hace que sus ministros sean llamas de fuego.

Mantenerse encendido no ocurre por accidente. Los sacerdotes tenían que quemar leña cada mañana. Permítame repetirlo: traer leña cada mañana es lo que se requería para que el fuego siguiera ardiendo.

Israel tenía siete fiestas: Pascua, Panes sin levadura, Primicias, Fiesta de Pentecostés, Trompetas, Día de la Expiación y Tabernáculos. Quemar leña sólo durante esas fiestas no mantendría el fuego encendido en el altar. Tenían que hacerlo diariamente, incluso cuando las festividades habían terminado. Sus fiestas eran como los eventos especiales a los que todos vamos para energizar nuestra fe, pero no sostienen nuestra llama. Los sacerdotes no sólo tenían que traer leña diariamente, sino que también tenían que ofrecer sacrificios en ese altar. Si los sacerdotes dejaran de poner leña y sacrificios en el altar, el fuego se apagaría. No es responsabilidad de Dios mantener el fuego encendido, es tarea de los sacerdotes.

Usted es sacerdote de Dios; de hecho, forma parte del sacerdocio real (1 Pedro 2:9). Como sacerdote de Dios, mantenga encendido el fuego en su altar. Su corazón es el lugar donde pone el fuego. Es un lugar para el fuego de Dios. No es un basurero de pecado para que el diablo lo use. Mantenga el fuego ardiendo en el altar. Recoja un manojo de ramas y póngalo en el altar diariamente.

Apóstol o Apóstata

Una experiencia personal con Dios es un momento poderoso como una chispa, pero si no lo lleva a recoger más leña, ese encuentro no traerá resultados duraderos. En la Biblia hay dos hombres llamados Saulo. Ambos tuvieron experiencias increíbles con Dios. Uno fue un rey, el otro fue un fariseo. Un Saulo fue a Ramá para capturar y matar a David; el otro Saulo fue a Damasco para capturar y matar cristianos. Un Saulo tuvo un encuentro con el poder puro de Dios y terminó desnudo en el suelo; el otro Saulo fue golpeado por el poder de Cristo y quedó ciego. Un Saulo se sintió mal momentáneamente por lo que estaba haciendo; el otro Saulo se arrepintió genuinamente. Un Saulo dejó de perseguir a David por un corto periodo de tiempo; el otro Saulo comenzó a hacer de inmediato lo que Dios quería que hiciera. Un Saulo se convirtió en apóstata; el otro Saulo se convirtió en apóstol. Ambos tuvieron experiencias, pero sólo uno juntó un manojo de ramas para encender ese fuego para Dios. El rey Saúl tuvo una experiencia real en presencia de Samuel y de los profetas (véase 1 Samuel 19:23-24), pero no lo condujo a un verdadero arrepentimiento, a un cambio de mentalidad que debería haber dado lugar a un cambio en la dirección de su vida.

Usted puede encender un fuego ardiente con gasolina o líquido para encendedores, pero se apagará rápidamente. Quiero enfatizar nuevamente esto: los eventos no son suficientes. Experimentar a Dios poderosamente en un lugar no es suficiente. Debe combinarse con un estilo de vida sincero de caminar junto a Él. Un encuentro debe convertirse en un estilo de vida de avivamiento. Dios quiere que tengamos pasión constante por Él. Dios desea que tengamos un estilo de vida de devoción sincera, en lugar de simplemente experimentar momentos ocasionales de intensidad. Dios desea que nuestras lámparas ardan continuamente.

"Pero tengo contra ti, que has dejado tu primer amor."
(Apocalipsis 2:4 – véase también 3:15-16).

La impartición puede darle una chispa, pero es la intimidad la que mantiene ese fuego encendido. No se trata sólo de hacer nuevas promesas para hacerlo mejor, sino de desarrollar un proceso personal de seguir a Dios diariamente. El avivamiento no es un evento, es un estilo de vida donde se desarrollan rutinas santas.

El Cordón de Tres Dobleces

Entonces, juntemos un manojo de ramas. Quiero presentarle tres disciplinas que, si se combinan, sostendrán su llama por Dios. Hay tres cosas que Jesús nos dijo que hiciéramos en secreto que producen una recompensa pública. Este manojo espiritual de ramas implica dar, orar y ayunar. Para cada una de estas disciplinas, Jesús dijo que vendrá una recompensa del Padre si se hacen con los motivos correctos (véase Mateo 6:1-18). Si la oración, el dar y el ayunar se hacen en secreto, esto trae la recompensa sobrenatural abierta de Dios.

Este conjunto de tres disciplinas espirituales no es sólo lo que trae una recompensa de Dios, sino también lo que nos ayuda a luchar contra el enemigo. Todo lo que el diablo tiene para darle es la vanagloria de la vida, la avaricia y concupiscencia de la carne. Ese es su trío mortal. Combinando la oración, el dar y el ayuno, es como un cordón espiritual de tres dobleces. Un cordón de tres dobleces de oración, de ayuno, y de dar lo ayuda a derrotar el trío mortal de la vanagloria, la concupiscencia, y la avaricia. La oración vence a la vanagloria. Dar vence a la avaricia. El ayuno vence a la concupiscencia. Salomón nos dice que un cordón de tres dobleces no se rompe pronto (Eclesiastés 4:12). Cuando usted combina este manojo de tres cordones–la oración, el dar y el ayunar en su estilo de vida–usted no se quebrará fácilmente. Usted romperá fácilmente el agarre de las tramas del enemigo porque estas tres disciplinas atan a la carne. Usted debe atar a la carne antes de que la carne lo ate a usted. El diablo usa la concupiscencia, la vanagloria y la avaricia para atarlo. La oración, el ayuno y el dar son la manera de atar la carne.

Atar, Edificar y Avanzar

Estas disciplinas no sólo atan a la carne, sino que también edifican su hombre espiritual. La oración lo conecta con Dios. El ayuno lo desconecta del mundo natural. El dar redirige su corazón. Estas tres disciplinas trabajan juntas para fortalecer al hombre espiritual. Es como un gimnasio para su hombre espiritual. Cuando la vida se pone difícil, debemos fortalecernos. Dios no siempre quita la lucha, sino que Él renueva sus fuerzas. Él fortalece su hombre interior para enfrentar los retos que vienen de la vida, simplemente por vivir en este mundo quebrantado y pecaminoso. Demasiadas personas abandonan, no porque la lucha sea demasiado dura, sino porque su fuerza es demasiado débil. En vez de alimentar al hombre espiritual diariamente, están alimentando la carne. No es de extrañar que el diablo normalmente tenga la ventaja. Comience a orar, ayunar y a dar. Entonces notará que comenzará a fortalecerse, y la carne se debilitará.

Un manojo de ramas mantiene el fuego encendido. Atan la carne y edifican su espíritu. La oración, el ayuno y el dar combinados también pueden dar a luz avances sobrenaturales en su vida. El comandante romano Cornelio (véase Hechos 10:1-4) fue un gran hombre que practicó una combinación de estos tres hábitos. Oraba regularmente a Dios, ayunaba y daba limosna. Y un gran avance llegó a su casa. Un día, un ángel de Dios vestido con ropas resplandecientes visitó a Cornelio. Mientras tanto, Pedro estaba orando en otra ciudad y el Espíritu Santo habló en voz alta en una visión, dándole a Pedro instrucciones e indicaciones para ir a casa de Cornelio. Pedro obedeció y fue a visitarlo a su casa. Este encuentro sobrenatural hizo que Cornelio, su familia y sus amigos cercanos se convirtieran en los primeros gentiles (no judíos) en ser salvos. Sus oraciones, ayunos y ofrendas no contribuyeron a su salvación. Nuestra salvación es sólo por gracia mediante la fe en Jesucristo. Pero algo se rompió en su vida, en el reino espiritual, a través de la práctica de estos tres elementos. Incluso el ángel de Dios reconoció que sus oraciones y generosas ofrendas a los pobres se presentaron ante Dios como un memorial. Dios se fijó en Cornelio por estas prácticas.

Haga que la oración, el ayuno y el dar generosamente sean tan naturales como el desayuno, el almuerzo y la cena. Desarrolle el hábito de la oración, el hábito del ayuno y el hábito de dar a los necesitados. No lo haga sólo cuando le apetezca. Hágalo para alimentar el fuego. No utilice la oración como una rueda de repuesto, conviértala en una prioridad diaria. No utilice el ayuno sólo como respuesta a una crisis; conviértalo en una práctica regular en su caminar con Dios. Lo mismo ocurre con las ofrendas desinteresadas. No dé sólo porque el predicador le ruega que dé para un proyecto de la iglesia. Dé porque es el combustible para el fuego, el cordón para atar su carne y edificar su hombre espiritual. Recuerde, el fuego es encendido por Dios, pero arderá más por su manojo de ramas. Cuando combinas la oración, el ayuno y el dar en un solo manojo, alimentará su pasión por Dios.

30, 60, 100

Una vez, Jesús habló acerca de la parábola de un agricultor y un campo de tierra buena y rica que producía buenos frutos. En el momento de la cosecha, algunas áreas produjeron treinta, otras sesenta y algunas incluso cien veces más de lo que el sembrador había plantado (véase Mateo 13:8). Tenga en mente esta parábola cuando se trate de practicar sus tres disciplinas que producen el fruto espiritual de atar la carne, edificar el hombre espiritual, y lograr un gran avance en nuestra vida. Naturalmente, tendemos a hacer énfasis en una cosa más que sobre otra. Por ejemplo, algunos aman orar, pero no practican el ayuno. A otros les encanta ayunar, pero no son generosos. Otros pueden ser generosos, pero descuidan el ayuno, etc.

Dios quiere fortalecer los tres músculos de su vida espiritual. Si sólo hace las partes de la Biblia que le resultan fáciles, perderá la oportunidad de dar mucho fruto. No limite su efectividad en servir al Señor quedándose en el nivel de 30 veces más, creciendo sólo en un área como la oración. La comodidad nos impide crecer. La conveniencia nos aleja de nuestro verdadero llamado. Vaya por la bendición del cien por ciento en las tres áreas. En el Reino de Dios, no podemos obtener resultados máximos con un mínimo de aportaciones. La tierra que era buena tuvo que ser limpiada de piedras y espinas – había un precio qué pagar. Una cosecha grande y fructífera no sucede por accidente.

Para mí, personalmente, el ayuno era lo más fácil cuando era más joven. Lo esperaba con ansias y disfrutaba de un ayuno semanal de un día y luego de un ayuno mensual de tres días. Con el tiempo, adquirí un fuerte compromiso con la oración matutina y las vigilias semanales de los viernes por la noche. Pero lo que más me costaba era dar dinero de mi bolsillo. No me malinterprete, fui fiel diezmando desde mi juventud. Pero ser generoso y sacrificado me llevó un tiempo. Y ahora diría que, no vi todo lo que Dios me prometió, hasta que el dar radicalmente se convirtió en mi estilo de vida habitual. Es como si hubiera estado operando en el área de las 60 veces más en mi vida, no en la de 100 veces. Noté que, en mi ministerio, no estaba donde Dios quería que yo estuviera. Era como si hubiera un techo en el reino espiritual. Realmente deseaba que el bloqueo pudiera haber sido por un demonio para que simplemente pudiera participar en la guerra espiritual y echarlo fuera. No me cuesta nada gritarle a un demonio. De hecho, en algún momento, incluso aumenté mi oración y ayuno para tratar de pasar al siguiente nivel, pero Dios no quería más oración y ayuno en ese momento. Él quería mi obediencia en la entrega gozosa. Esa obediencia consistía en poner sobre el altar mi tacañería y mi miedo a ser demasiado generoso. Cuando finalmente empecé a dar mucho más que mi diezmo del 10%, algo se rompió dentro de mí, algo se abrió paso en mi ministerio y en mi vida personal. Soy testigo de que cuando se reúne un manojo completo de ramas, usted mantendrá el fuego que Dios enciende.

Los nativos (otras personas) pueden encender su fuego de celo, compromiso y amor, pero es usted quien debe recoger la leña. Dios no lo hará por usted. Una conferencia puede encender su pasión, su "primer amor" por Dios, pero son sus decisiones piadosas las que lo mantienen encendido. Un evento cristiano puede ser el lugar donde se encienda con una ardiente devoción a Dios, pero no permanecerá ardiendo a menos que considere lo que está haciendo diariamente. Manténgase en sintonía con el Espíritu Santo. Arrepiéntase. Medite en su Biblia. Tenga siempre en mente los tres elementos esenciales que Jesús nos dice que hagamos. Dios ve todo y lo recompensará acercándolo más a Él. La oración, el ayuno y el dar constituyen tres disciplinas que le permitirán atar la carne, edificar su hombre interior y obtener avances en su vida. En los próximos capítulos, dedicaremos tiempo para profundizar en tres temas clave: la oración, el ayuno y la generosidad.

CAPÍTULO 9

La Leña de la Oración

David tuvo una dura infancia. Su madre era alcohólica y su padre entraba y salía de la cárcel; era violento y a menudo lo golpeaba. Bajo la estricta guía de su abuelo, David fue acogido y aprendió la importancia de trabajar con diligencia. Desgraciadamente, su abuelo le transmitió mucha negatividad: "Nunca llegarás a nada. Crecerás y no servirás para nada, así como tu padre, Roberson".

A los dieciséis años, David fue salvo en una iglesia pentecostal, pero nadie le hizo un seguimiento para ser su mentor. A las dos semanas recayó. Se unió a la Marina por un tiempo, y después de ser dado de baja, regresó a Dios en una iglesia extremadamente legalista del Movimiento de Santidad. Fue ahí donde conoció a su esposa, Rosalie. David fue bautizado en el Espíritu Santo, y a partir de ese momento, no tuvo ningún problema para mantenerse fiel a Dios. David trabajaba en un aserradero y a menudo compartía el Evangelio con todos los hombres a su alrededor.

A los treinta años, David se despertó una mañana sintiendo fuertemente la presencia de Dios. Abrió los ojos y, en lugar de ver las paredes de su habitación, vio un auditorio con personas en sillas de ruedas esperando en la plataforma. Él estaba sentado tres filas más atrás, en el lado izquierdo. De alguna manera, sabía que esta reunión debía ser *su* reunión. El pastor asociado comenzó a anunciar al orador y miró directamente a David. David tenía su Biblia abierta en Judas, versículos 20-21, que enseñan acerca de orar en lenguas. David empezó a levantarse, pero de repente, el pastor asociado señaló la cortina del escenario, y de allí salió una mujer rubia que se movía poderosamente en el poder y la unción del Espíritu Santo. Todas las personas en las sillas de ruedas fueron sanadas. Entonces, de repente, el auditorio quedó vacío excepto por David y la predicadora. Ella lo miró y dijo: "No sé por qué Dios me ha dado este tipo de ministerio; uno de ustedes debe haber fallado".

David estaba temblando cuando volvió de la visión. Le preguntó a su esposa si apoyaría su llamado al ministerio, pase lo que pase. Ella le dijo que sí. Dos semanas después, renunció a su trabajo.

Decidió empezar a orar. En un antiguo boliche donde se realizaban servicios cristianos, había un salón lateral donde comenzó a dedicar tiempo a la oración. Pensó que si oraba tal como solía trabajar en el aserradero, Dios cubriría sus necesidades igual que la empresa le había pagado por su trabajo. Oraba en inglés, pero se le acababan las cosas por las cuales orar en tan sólo quince minutos. Así que empezó a orar en lenguas. Cada vez que sonaba el silbato del aserradero para la hora del descanso, David se tomaba un descanso y se tomaba un café en una cafetería cercana. Pero volvía a su puesto en la sala de oración del boliche cuando terminaba el descanso en el aserradero. Oraba hasta que sonaba el silbato del aserradero.

Luego, después del almuerzo, oraba en lenguas hasta la hora de la cena. Las horas pasaban lentamente. Parecían eternas. Pero él continuó haciendo lo que había decidido hacer, y durante tres largos meses cumplió con su horario.

Entonces, después de tres meses de orar en lenguas ocho horas al día, fue invitado a asistir a un servicio en otra iglesia que se llevaba a cabo una tarde. Estaba muy contento de salir de su aposento de oración. Sin embargo, se sintió decepcionado al descubrir que el orador estaba espiritualmente muerto, era seco y aburrido. David revolvía distraídamente su café, cuando de pronto giró para mirar a la señora mayor sentada a su lado y, cuando lo hizo, para su asombro, vio lo que parecía una radiografía de la cadera de la mujer. Se dio cuenta de que necesitaba ser curada, ¡y que Dios la curaría! Le preguntó a la señora mayor: "¿Señora, tiene problemas con la cadera?". Entonces, la palabra artritis vino a su mente. "¡Tiene artritis en la cadera!". Ella lo afirmó. Él oró por ella, ¡y fue sanada!

Esto provocó gran emoción en el servicio de la iglesia, que terminó con otra mujer siendo sanada y los jóvenes de la iglesia siendo bautizados en el Espíritu Santo.

Mas tarde, Dios le habló a David y le dijo que lo que pasó en la otra iglesia no fue por otra razón que para enseñarle un principio espiritual: él había aprendido a edificarse espiritualmente orando en lenguas. David también aprendería a combinar la oración en lenguas con el ayuno, ¡incluso haciendo un ayuno de cuarenta días! David Roberson plantó una iglesia grande y ministró sobre el poder sanador durante 49 años más. Falleció recientemente a los 79 años de edad en el 2022.[13]

La Oración Vence a la Vanagloria

Como mencioné en el capítulo anterior, enfaticé que la combinación de la oración, el ayuno y el dar, ayudan a derrotar nuestras tres tentaciones principales: la vanagloria, la concupiscencia y la avaricia. La falta de oración es una forma de vanagloria u orgullo. La vida sin oración es como jactarse contra Dios, mostrando que uno es independiente y no lo necesita. Yo diría que la verdadera razón por la que las personas no oran, no es porque estén demasiado ocupadas, sino porque son orgullosas, dependientes de sí mismas. Si usted dice que no tiene tiempo para orar, deje de culpar a su apretada agenda; en lugar de eso, arrepiéntase de su arrogancia y orgullo. ¡Siempre encontrará tiempo para hacer lo que realmente quiere hacer!

La vanagloria es orgullo, es la adoración idólatra del "yo". Es la religión nacional del infierno. Es lo que hizo que cierto ángel de Dios se convirtiera en diablo. El profeta Jeremías declaró la maldición de Dios sobre los que ponían su confianza en sí mismos en vez de en Él. *"Maldito el varón que confía en el hombre, y pone carne por su brazo, y su corazón se aparta de Jehová. Será como la retama en el desierto"* (Jeremías 17:5). Serán como un arbusto seco en el desierto, una planta rodadora. Sin raíz, sin verdor, sin fruto. Ocupados, pero no fructíferos. Mucha actividad, pero sin productividad. La vida que no nace de la oración es como correr en una cinta, sudando, pero sin llegar a ninguna parte. Es imposible arder en fuego por Dios sin poner en esto leños de oración. La oración es leña que debemos llevar al altar para mantener encendido nuestro fuego.

El enemigo ataca la oración porque la oración ataca al enemigo. Él sabe que no puede impedir que Dios responda a nuestras oraciones, por eso lucha con todas sus fuerzas para que no oremos a Dios. Cuando el rey hizo un decreto en los días de Daniel para detener su vida de oración diaria, Daniel no cedió. Siguió orando tres veces al día, como era su costumbre determinada desde sus primeros días (véase Daniel 6:10). Daniel prefería pasar una noche con leones que perder un día sin orar. ¡Piénselo!

El pecado conduce a la falta de oración, y la falta de oración conduce a más pecado. No orar es un pecado. Samuel lo dijo mejor que nadie: *"Así que, lejos sea de mí que peque yo contra Jehová cesando de rogar por vosotros; antes os instruiré en el camino bueno y recto"* (1 Samuel 12:23). Alguien dijo una vez: "un hombre que ora dejará de pecar, y un hombre que peca dejará de orar". ¿Qué tan cierto es eso? ¿Qué hizo Adán cuando pecó? Se escondió de Dios. Huyó del Señor. El pecado hace que nos escondamos de Dios; la oración nos ayuda a escondernos en Dios. Un día Dios vino a Adán y le preguntó: *"¿Dónde estás tú?"*. Dios sigue haciéndonos esa pregunta a todos nosotros. ¿Dónde estás? ¿Por qué no estás en oración? Si ha pecado, corra a Dios para que lo limpie; no se sumerja en el pecado y la culpa.

Cuando Su Vida de Oración se Va a Dormir

La carne ataca a la oración; la oración ataca a la carne. La carne no quiere que oremos. Como los discípulos en el huerto de Getsemaní, muchos de nosotros cedemos a las exigencias de la carne y dormimos en lugar de orar. Perdemos la batalla con la almohada y las cobijas. Tarde o temprano, los santos que duermen se convierten en santos que resbalan. Estas palabras de Jesús me desafían cada vez: *"¿Así que no habéis podido velar conmigo una hora? Velad y orad, para que no entréis en tentación; el espíritu a la verdad está dispuesto, pero la carne es débil"* (Mateo 26:40-41). ¿Ama a Jesús lo suficiente como para unirse a Él en oración?

La victoria en la oración trae la victoria en la vida. La falta de oración trae consigo derrotas en muchas otras áreas. La oración edifica el espíritu del hombre; la falta de oración sólo fortalece la carne. Ore cuando tenga ganas de orar y ore incluso cuando no tenga ganas de orar. Es un pecado descuidar las oportunidades de orar junto a Jesús. No orar es negligencia espiritual y es peligroso permanecer en esa condición.

Me parece interesante que Pedro durmiera en vez de orar con Jesús, y como resultado recibió una advertencia. *"Dijo también el Señor: Simón, Simón, he aquí Satanás os ha pedido para zarandearos como a trigo; pero Yo he rogado por ti, que tu fe no falte; y tú, una vez vuelto, confirma a tus hermanos"* (Lucas 22:31-32). Anteriormente, Jesús había cambiado el nombre de Simón por el de Pedro, que significa "roca firme". A partir de entonces, Jesús siempre llamó a Pedro por su nuevo nombre, pero esta vez en el huerto de Getsemaní, cuando Pedro fue sorprendido durmiendo en lugar de orando, Jesús lo llamó por su antiguo nombre dos veces. ¿Podría ser que cuando nuestra vida de oración se duerme, nuestra vida pasada se despierta? Si no oramos, nos descarriamos. Si no velamos y oramos, terminamos con las tentaciones que tan a menudo nos vencen. Nuestra vieja vida está muerta, pero la falta de oración puede resucitarla. Ese es el poder perjudicial que hay en una vida sin oración.

Una vez, cuando Satanás pidió zarandear a Pedro, Jesús oró por él, pero Pedro no se preocupó en orar. Tiene sentido el por qué Pedro terminó negando a su mejor amigo: su exceso de confianza lo llevó a no orar; lo que resultó en que negara a Cristo tres veces. Al mismo tiempo, Jesús luchó en oración, lo que le dio poder para resistir la tentación, pero Pedro durmió en oración, lo que resultó en que no tuvo poder para resistir la tentación.

Cuando no oramos, nuestros deseos físicos ganan terreno, lo que lleva a batallas espirituales que se inclinan a favor del enemigo en el reino invisible. Cuando Jesús oró en el jardín, Dios envió un ángel para apoyarlo. Cuando Pablo oró en la tormenta, Dios envió a Su ángel para ayudarlos. Cuando la iglesia oró por Pedro, Dios envió un ángel para liberarlo. Jentezen Franklin dijo una vez: "la falta de oración es el desempleo de los ángeles". Cuando usted no ora, Dios no responde. Cuando no ora, los ángeles de Dios están desempleados. Usted luchará sólo una batalla espiritual y lo más probable es que pierda.

La Oración no es Algo Innecesario

Lo que tenemos que entender sobre la oración es que no se trata solamente de obtener lo que queremos de Dios. La oración ciertamente trae resultados, pero más que nada, trae avivamiento. Trae una recompensa, y esa recompensa es la presencia de Dios. Jesús dijo, *"Mas tú, cuando ores, entra en tu aposento, y cerrada la puerta, ora a tu Padre que está en secreto; y tu Padre que ve en lo secreto te recompensará en público"* (Mateo 6:6). ¿Ha notado que el Padre lo recompensará por orar? ¿Cuál es esa recompensa? Cuando Abraham le pidió a Dios un hijo, Él le dio una seguridad alentadora mucho antes de responderle con un milagro. *"Después de estas cosas vino la palabra de JEHOVÁ a Abram en visión, diciendo: No temas, Abram; Yo soy tu escudo, y tu galardón será sobremanera grande"* (Génesis 15:1). Muchas personas se decepcionan con la oración por una razón: no obtienen respuestas cuando las quieren ni de la forma en que esperan que aparezcan. La oración es mucho más que obtener resultados; se trata de obtener una recompensa. Esa recompensa es la impresionante y cálida presencia de Dios en su corazón.

Las oraciones sin respuesta pueden convertirse en un obstáculo desalentador para una vida de oración. Cuando era adolescente, oré fervientemente para que Dios sane mi ojo. No había nada malo con mi visión, pero el párpado de mi ojo izquierdo era más débil, y el ojo en sí no se elevaba cada vez que miraba hacia arriba. Defecto de fábrica: venía de mi nacimiento. Eso afectó mi autoestima, lo que resultó en cierto acoso e insultos en la escuela. El enemigo me metía mentiras en la cabeza: ¿Por qué orar, por qué ayunar, por qué buscar a Dios cuando Él ni siquiera se preocupa por ti? Pero esas eran mentiras dirigidas a mi conexión con el Padre amoroso. Le prometí a Dios que, si me sanaba, siempre viviría para Él y testificaría de Su poder milagroso. Esa oración no ha sido respondida hasta el día de hoy. Aunque dejé de orar esa oración específica hace mucho tiempo, creo que algún día en el cielo, tendré ojos perfectos. Y mientras estoy aquí en la tierra, este problema no me impide ser quien Dios me llamó a ser o hacer lo que Él quiere que haga. Me niego a dejar que el diablo arruine mi vida de oración sólo por mi defecto físico. Recuerde, Dios tampoco respondió a la oración de Jesús cuando estaba en el Getsemaní suplicando a Dios que le quitara la copa del sufrimiento. Sin embargo, Jesús continuó orando en el huerto, incluso en la cruz, y después de Su resurrección. De hecho, Jesús continúa viviendo, intercediendo diariamente por nosotros (Romanos 8:34).

Hay una historia que relata la supervivencia de Iván, quien soportó los horrores de un campo de prisioneros soviético. Un día estaba orando con los ojos cerrados cuando un compañero de prisión se fijó en él y le dijo burlonamente: "Las oraciones no te ayudarán a salir más rápido de aquí". Abriendo los ojos, Iván respondió: "No oro para salir de la cárcel, sino para hacer la voluntad de Dios".[14]

La oración no se trata sólo de obtener resultados, sino también de procurar hacer la voluntad de Dios. No podemos mover a Dios; la oración es para movernos a nosotros mismos. Hay muchos ejemplos en la Biblia de oraciones que producen resultados. La Biblia registra 650 oraciones y 450 respuestas a oraciones. La Biblia también nos dice que necesitamos esperar en el Señor para que Él pueda renovar nuestras fuerzas. Por supuesto que quiero que la oración elimine mis problemas, pero muy a menudo en la oración, el Señor renueva mis fuerzas y profundiza mi relación con Él, lo cual es mi *gran recompensa*.

Algunos se preguntarán, *Si Dios hace lo que quiere independientemente de si yo oro o no, ¿para qué orar?* Bueno, Dios es fiel a Sus promesas, y una de Sus promesas es responder a las oraciones. Además, le encanta responder las oraciones de Su pueblo. Israel clamó por el éxodo de la esclavitud en Egipto, algo que Dios le había prometido a Abraham 430 años antes que sucediera. A su debido tiempo, Dios envió a Moisés como respuesta a sus desesperados clamores en oración, no sólo para cumplir Su promesa, sino para responder a sus súplicas. Dios prometió a Elías que enviaría lluvia sobre la tierra, pero tuvo que orar fervientemente siete veces para que comenzara a llover; la lluvia llegó como respuesta a sus oraciones, no sólo como cumplimiento de la promesa de Dios. Daniel oró por la liberación de su pueblo del cautiverio en Babilonia, algo que Jeremías había profetizado que sucedería 70 años antes. Dios prometió el Espíritu Santo para los discípulos y, sin embargo, Jesús aún oró por sus seguidores para recibir la promesa del Padre. Dios cumplirá Su promesa, pero se deleita en escuchar sus oraciones y responderlas. Quizás por eso Pablo le dijo a Timoteo que hiciera la guerra de acuerdo con las profecías que le habían sido dadas (1 Timoteo 1:18/4:14). No caiga en esa trampa suponiendo que, si Dios quiere hacer algo, lo hará, ore usted o no. Él quiere que demuestre su dependencia a Él pidiendo, orando y buscando.

Jesús Oró y Usted También Debería Hacerlo

Jesús era plenamente Dios y plenamente humano. Aunque Él era Dios y tenía una relación única con Su Padre, también vivió a nuestro nivel aquí en la tierra. Cuando asumió las limitaciones de un cuerpo físico, nos mostró que una vida de oración es una necesidad, ¡no un lujo! Jesús vivió en completa dependencia del Padre, y nosotros también deberíamos hacerlo.

Jesús oró en la tierra, oró en el cielo, y continúa intercediendo por nosotros siempre. El trabajo actual de Jesús es la intercesión. Asimilemos eso. Él vive para interceder por nosotros. *"Por lo cual puede también salvar perpetuamente a los que por Él se acercan a Dios, viviendo siempre para interceder por ellos"* (Hebreos 7:25). Si la oración no es importante, ¿por qué la hizo Jesús aquí en la tierra? ¿Por qué se molesta en interceder por nosotros mientras está en el cielo?

¿Por qué Dios nos invita a pedir para recibir respuestas a lo que ya había sido prometido en la Biblia? Si orar no hace ninguna diferencia, entonces es sólo un balbuceo inútil de palabras en el espacio vacío.

Jesús es nuestro modelo de cómo vivir ardiendo. Él oró mientras era bautizado por Juan el Bautista en el río Jordán. Cuando yo me bauticé, me concentré más en que no me entrara agua en la nariz; pero Jesús oró. *"Y mientras oraba, se abrió el cielo"* (Lucas 3:21 NVI). Mientras Él oraba, los cielos se abrieron. Mientras oraba, descendió el Espíritu Santo. Mientras oraba, vino una voz del cielo. No sabemos qué pidió, pero sí sabemos que el cielo respondió a Su oración. Jesús es nuestro modelo. La oración abre los cielos. La oración provoca la presencia manifiesta del Espíritu Santo. Dios le dijo: *"Tú eres mi Hijo amado, en Ti tengo complacencia"* (Marcos 1:11). La oración nos ayuda a oír más claramente la voz de Dios. La oración trae la aprobación de Dios.

Hay otro caso en el que Jesús subió a una montaña y oró. *"Mientras oraba, Su rostro se transformó y Su ropa se volvió blanca y radiante"* (Lucas 9:29 NVI). Mientras oraba, Su rostro cambió. Mientras oraba, Su ropa se volvió blanca. Mientras oraba, aparecieron Moisés y Elías. De nuevo, no conocemos el contenido de esa oración, pero sí vemos sus efectos. La fe cambia las cosas, pero la oración nos cambia a nosotros. La oración provoca una transformación personal. Nuestros rostros cambiarán. Nuestra actitud cambiará. La oración cambia la atmósfera espiritual que nos rodea. La paz de Dios reemplazará al estrés. La alegría de Dios reemplazará a la tristeza. La luz expulsará a la oscuridad.

Jesús oraba antes de tomar decisiones importantes. Al principio de Su ministerio, Jesús pasó toda la noche solo en oración; luego, al día siguiente, eligió a Sus doce discípulos. Lucas registra esto: *"Más Él se apartaba a lugares desiertos, y oraba"* (Lucas 5:16). Muchas veces, después de largos días de ministerio, Jesús se retiraba para estar solo y orar a solas.

Jesús oró para superar el dolor. Cuando Jesús se enteró de que su primo Juan el Bautista había sido decapitado, se fue solo a un lugar desierto. Después de un tiempo allí, reanudó Su ministerio ante las multitudes que lo habían seguido hasta allí. Sí, incluso el Hijo de Dios se aflige. Se afligió en oración. Como mencionamos anteriormente, Jesús oraba en tiempos de angustia. Horas antes de ser arrestado, fue al Monte de los Olivos a orar y se arrodilló a poca distancia de sus discípulos. Estaba en gran agonía emocional, sabiendo lo que estaba a punto de enfrentar; Jesús oró.

No es de extrañar que sus discípulos le pidieran que les enseñara a orar. Vieron la fuente de Su poder. Cuando el ministerio de los apóstoles en la iglesia primitiva explotó después de la partida de Jesús y comenzaron a estar muy ocupados sirviendo a la gente, se dieron cuenta de que necesitaban volver al ministerio de la palabra y la oración (Hechos 6:1-4). El estar ocupado no fue una excusa para que Jesús dejara de orar. Él estaba muy ocupado en Su ministerio, pero siempre tomó tiempo para orar. Francisco de Sales dijo: "Todo cristiano necesita media hora de oración cada día, excepto cuando está ocupado; entonces necesita una hora".

Quiero referirme a la visión que describí en un capítulo anterior, cuando Dios me dio una imagen de mi futuro en el estacionamiento de una tienda de comestibles. Una cosa que me llamó la atención es que en la parte trasera de la tienda había grandes puertas dobles a través de las cuales los camiones entregaban los productos. Inmediatamente sentí que el Señor me decía que la iglesia debería tener la puerta principal abierta a la evangelización, el discipulado, los grupos pequeños, el ministerio de los medios de comunicación, el ministerio de los niños y el ministerio de los jóvenes, pero la puerta trasera de la iglesia tiene que estar abierta también, a través de la cual los ángeles de Dios y el Espíritu Santo traen el producto espiritual – esas puertas son la oración y el ayuno. Si la iglesia no es una casa de oración, se convertirá en una cueva de ladrones. Si es una casa de oración, Dios traerá Sus recursos a ella. Por eso nuestra iglesia, Generación Hambrienta, (Hungry Generation), tiene las puertas abiertas a las 5 de la mañana de lunes a viernes para orar. Si Jesús siempre oró, ¿quiénes pensamos que somos para ignorar la oración?

La oración es uno de los leños que mantienen encendido el fuego de su altar. El orgullo, no las ocupaciones, es lo que nos impide orar. La Biblia no tiene nada bueno que decir sobre el orgullo. El orgullo es un enfoque excesivo en el "yo" que resulta en arrogancia y vanagloria. Es como una auto idolatría centrada en el ego que pone a Dios y a los demás en segundo y último lugar. *"El malo, por la altivez de su rostro, no busca a Dios; no hay Dios en ninguno de sus pensamientos."* (Salmo 10:4). Pero la oración vence al orgullo y a la vanagloria, porque al orar declaramos nuestra total dependencia de Dios.

El fuego en nuestro altar seguirá ardiendo si seguimos poniendo leños de oración en él. Si desea saber más sobre la oración y qué hacer durante la oración, consulte el Apéndice 3 al final del libro.

CAPÍTULO 10

La Leña del Ayuno

En nuestra iglesia, al comienzo de cada nuevo año, nos unimos a millones de creyentes de todo el mundo para realizar un ayuno de 21 días. En enero del 2023, estuve en Rumania donde prediqué en la Conferencia OneThing. Fue mi primera vez en Rumania y el Señor hizo cosas maravillosas en esa conferencia. A mi regreso de la conferencia estaba rebosante de gozo, pero también me acosaba una enfermedad grave. No era sólo una fiebre común; realmente temí por mi vida. Acabé yendo a emergencias a ver a un médico. Al mismo tiempo, estábamos empezando un ayuno de 21 días en nuestra congregación. Había invitado a nuestra iglesia y a todos los espectadores en línea a unirse a nosotros durante ese período de ayuno, y les prometí que les transmitiría palabras de aliento a través de Internet todos los días por esos los 21 días. Así que me preguntaba: ¿debería cancelar el ayuno personalmente y no retransmitir, o debería ayunar estando enfermo y seguir transmitiendo? Se lo pregunté al médico y me dijo que el ayuno me ayudaría a recuperarme más rápido, no ralentizaría mi curación. Todavía se puede ver en los videos del primer día de ayuno en el 2023 cómo tenía los labios hinchados. Aquel día estaba muy enfermo, pero al tercer día de ayuno me bajó la fiebre y, por la gracia de Dios, pude terminar el ayuno de 21 días y conseguir el avance que necesitaba.

Aprendí una verdad importante sobre tener fiebre mientras se ayuna. Siempre pensé que la fiebre era algo malo y que debía quitármela, pero el médico me dijo que la fiebre podía ser buena. Es un aumento temporal de la temperatura corporal en respuesta a una enfermedad o dolencia. Cuando su cuerpo tiene una infección, su sistema inmunológico se activa para ayudarlo a sanar. Una forma de hacerlo es aumentando la temperatura corporal, lo que llamamos fiebre. El aumento de la temperatura ayuda al organismo a combatir las infecciones con mayor eficacia, ya que dificulta la supervivencia y multiplicación de los gérmenes.

El ayuno tiene el mismo efecto que la fiebre. Aumenta la temperatura espiritual en la que los gérmenes espirituales no pueden sobrevivir. John Wesley, líder de un movimiento de avivamiento, dijo una vez: "Cuando buscas a Dios con ayuno, sumado a la oración, no puedes buscar Su rostro en vano". Cada vez que Charles Grandison Finney, líder del Segundo Gran Despertar, detectaba alguna debilidad en su vida, cambiaba su horario, apartaba uno o varios días y ayunaba. El ayuno aumenta el calor espiritual en su vida. Se dice que Jonathan Edwards, quien lideró el avivamiento de la frontera, ayunó y oró hasta que estuvo tan débil que apenas podía pararse en el púlpito. Y Dios ungió asombrosamente su ministerio. Andrew Murray, estadista misionero y líder eclesiástico, dijo una vez: "El ayuno ayuda a expresar, profundizar y confirmar la resolución de que estamos dispuestos a sacrificar cualquier cosa, a sacrificarnos a nosotros mismos para alcanzar lo que buscamos para el reino de Dios".

Todas las personas notables mencionadas en la Biblia practicaron el ayuno: Moisés, David, Elías, Ester, Daniel, Ana y Pablo, por nombrar algunos. Nuestro Señor Jesús practicó el ayuno. De hecho, Él no comenzó Su ministerio itinerante antes de realizar un largo período de 40 días de ayuno. Él enseñó sobre el tema del ayuno. Él dijo: *"Cuando ayunéis"* no *"Si ayunáis"*. Sus críticos notaron que Sus discípulos no ayunaban como lo hacían los discípulos de Juan, pero Jesús les dijo que ayunarían después de que Él dejara la tierra. Él asumió que todos Sus seguidores ayunarían, y Sus discípulos hicieron exactamente eso. La iglesia primitiva ayunaba todos los miércoles y viernes. En aquellos días el ayuno era una preparación normal para el bautismo en agua y la comunión. Los creyentes ayunaban para fortalecer su vida de oración, prepararse para la revelación de Dios, expresar su dolor, ayudar a los pobres con la comida que guardaban durante el ayuno y reconectarse con Dios.

Los seres humanos fuimos creados para ayunar. Piénselo: si duerme 8 horas al día, estará durmiendo 1/3 de su vida. Si vive hasta los 75 años, son 25 años de sueño o 9.125 días. Cuando duerme, está ayunando y por eso la comida de la mañana se llama desayuno. Cuando desayuna, rompe su ayuno. El ayuno bíblico es abstenerse de comer por razones espirituales. Es voluntario, no forzado. A veces las circunstancias obligan a pasar hambre, pero el ayuno es una decisión que uno toma. Usted elige desprenderse del encanto de la comida durante un cierto periodo de tiempo para buscar a Dios. No es una dieta ni una huelga de hambre. Durante el ayuno, nos alimentamos con la Palabra de Dios.

Sino con Oración y Ayuno

Mientras Jesús estaba en un monte alto orando con tres de sus discípulos, los otros discípulos estaban al pie del monte lidiando con un angustioso problema que no podían resolver. Rodeados por una multitud de espectadores, intentaron sin éxito liberar a un niño de espíritus malignos. Cuando Jesús bajó de la cima del monte, encontró que algunos líderes religiosos estaban discutiendo con Sus discípulos. El padre del niño atormentado suplicó ayuda a Jesús. Pero en lugar de curar inmediatamente al niño, Jesús respondió con unas palabras muy duras a la multitud: "¡Oh generación incrédula y *perversa! ¿Hasta cuándo He de estar con vosotros? ¿Hasta cuándo os He de soportar? Traédmelo acá"* (Mateo 17:17).

No sólo la generación de hace 2.000 años era incrédula y perversa, sino que nuestra generación sigue siendo igual: una generación sin fe y con muchas perversiones. La fe trata nuestra conexión con Dios, y la perversión trata nuestra conexión con este mundo. Nuestra generación presente no está conectada a Dios, sino que está conectada a este mundo malvado, roto y pecaminoso. Jesús estaba cansado de ello. Y todavía lo está. Cuanto menos conectados estemos con el Señor, más conectados estaremos con el mundo, y cuanto menos conectados estemos con el mundo, más conectados estaremos con el Señor.

Jesús bondadosamente liberó al niño de la opresión maligna. Más tarde, los discípulos le preguntaron por qué ellos no obtuvieron los mismos resultados. Jesús señaló que se debía a su incredulidad, no a una falta de autoridad (véase Lucas 9:1), y definitivamente no porque no fuera la voluntad de Dios que ellos sanaran al niño. Luego añadió: *"Pero este género no sale sino con oración y ayuno"* (Mateo 17:21). Esta declaración se repite en Marcos 9:29. Este versículo es coherente con la enseñanza y el ejemplo de Jesús sobre la oración y el ayuno. Ciertas cosas se rompen sólo cuando oramos y ayunamos. Como una pequeña nota al margen, este versículo se omite en algunas traducciones de la Biblia, especialmente en las Biblias parafraseadas. La mayoría de los manuscritos griegos originales más antiguos no incluyen este versículo, que algunos traductores consideran los manuscritos más fiables. Sin embargo, la mayoría de los manuscritos escritos en griego sí contienen este versículo que menciona la oración y el ayuno. Mateo escribió principalmente al pueblo hebreo e incluyó "ayuno" en Mateo 7:21. Las directrices para la traducción de la Nueva Versión King James (NKJV), consideran que la mayoría de estos manuscritos son la mejor expresión de los autores originales y no la de los más antiguos. Es por eso que la Nueva Versión King James en inglés, la Versión Reina Valera y otras incluyen este versículo.

Si el problema de esta generación es la incredulidad y la perversión, entonces la solución de Jesús es la oración y el ayuno. Si la incredulidad lo desconecta de Dios, y la perversión lo conecta con el mundo, entonces la oración lo conecta con Dios, y el ayuno lo desconecta del mundo.

El ayuno lo desconecta de lo que más lo une a este mundo: la comida. Mediante la oración, nos reconectamos con el Señor, y con el ayuno, nos desprendemos de este reino físico tangible. La oración y el ayuno son las características de la gente de la cima del monte. Están conectadas con Dios y desconectadas del mundo. La gente de la cima del monte puede manejar problemas como los del tipo valle. Esta generación es malvada; Dios está levantando para Sí mismo una generación de gente tenaz. Es algo radical orar y ayunar, pero eso es lo que se necesita para combatir los problemas en el mundo que nos rodea.

Jesús bajó del monte de oración donde había estado ayunando. No creo que hubiera ningún restaurante de comida rápida en el monte donde pasó el día con tres discípulos. Cuando descendió, enfrentó lo demoniaco y demostró que los problemas espirituales no se ganan con armas naturales. No se lleva un cuchillo a un tiroteo. Una falta de conexión cercana con Dios y mucha conexión con el mundo deja a cualquiera sin preparación para enfrentar y ganar batallas espirituales.

Aprendí algo sobre las águilas, y es que ellas no luchan contra las serpientes en el suelo. Un águila tomará una serpiente, volará alto en el cielo y cambiará el campo de batalla de la serpiente, ya que las serpientes no pueden atacar a menos que estén enroscadas en el suelo. A continuación, suelta la serpiente en el aire. Allí es inútil, débil y vulnerable, a diferencia del suelo, donde es poderosa, sabia y mortal.

La Escritura menciona las águilas cuando anima a los creyentes a confiar/esperar en el Señor. Una cosa que descubrí es que las águilas no luchan contra las serpientes en el suelo. Aprenda a llevar su lucha al ámbito espiritual orando y ayunando. Cuando usted está conectado con Dios y desconectado de este mundo, Dios se hace cargo de sus batallas y le permite ganar. No luche contra el enemigo en su zona de confort; cambie su campo de batalla como un águila. Cuando ora y ayuna, está llevando sus batallas personales al plano espiritual, donde Satanás es inútil, impotente y sin autoridad. ¡La oración y el ayuno son poderosas armas de guerra en el ámbito espiritual! Cuando la oración y el ayuno faltan, a uno le toca enfrentar batallas espirituales a través de medios físicos. La serpiente gana. El diablo es un experto engañador en el reino de la carne y del mundo.

Derrotando al Rey Estómago

Permítame decir que me encanta la buena comida, especialmente la comida rusa. La comida no es mala ni demoníaca. La Biblia presenta a la comida como algo bueno, y el placer de comer como un don de Dios (véase Proverbios 13:25; Eclesiastés 3:13). El consumo de alimentos es necesario para la supervivencia (véase Nehemías 5:1-2; Hechos 27:33-35). Comer es señal de vida y salud (véase Deuteronomio 28:4-11). Dios bendice a Su pueblo con suficientes alimentos (véase Salmo 34:8-10).

Dicho esto, no olvidemos que Adán y Eva eligieron comer del fruto que los expulsó fuera del del Eden porque el árbol era agradable a los ojos y bueno para comer (Génesis 3:6). Esaú vendió su primogenitura por un plato de sopa porque estaba muerto de hambre y pensaba que iba a morir (Génesis 25:31-34). Dios juzgó al pueblo de Sodoma por su orgullo, su saciedad de comida, su abundancia de ociosidad y sus abominaciones (Ezequiel 16:49). Israel cedió a un intenso deseo de comer carne, lo que provocó una plaga (véase Números 11:4, 33-34). La primera tentación de nuestro Salvador Jesús en el desierto fue con comida (Lucas 4:3). ¿Es la comida pecaminosa? Absolutamente no. La gula sí lo es. La gula se define como el exceso o la falta de autocontrol con la comida y la bebida. El diccionario define la gula como "avaricia o exceso habitual en el comer, codicia o excesiva indulgencia". La gula induce a la pereza y resulta en desesperanza (véase Tito 1:12; 1 Corintios 15:32). Trae pobreza (Proverbios 23:21). La gula se asocia con la rebelión, la terquedad y el despilfarro (Deuteronomio 21:20). En 1 Samuel 2:12-17, 34, vemos que el sumo sacerdote Elí tenía dos hijos desobedientes que también eran sacerdotes ante el Señor y codiciaban los mejores cortes de los animales del sacrificio. Dios los castigó con la muerte. Eran corruptos, descarriados, rebeldes, y practicaban el adulterio con las mujeres que acudían al Tabernáculo (1 Samuel 2:22-24). Incluso Elí era excesivamente gordo y murió de una fractura de cuello al caerse hacia atrás de su asiento.

La gula es hacer de tu vientre un dios. Se llama idolatría cuando la comida se convierte en un ídolo, algo en lo que te concentras obsesivamente. La gula impulsa a uno a comer en exceso a todas horas del día o de la noche. Desordena la mente de una persona haciéndole pensar que necesita comer más y picar todo el tiempo. Eso se llama atracón desenfrenado. Jesús nos enseñó con su respuesta directa al diablo en el desierto, que comer no debe ser la principal prioridad (véase Mateo 4:1-4). ¡No sólo de pan vivirá el hombre!

El apóstol Pablo advirtió sobre el estómago que se convierte en un dios: *"El fin de los cuales será perdición, cuyo dios es el vientre, y cuya gloria es su vergüenza; que solo piensan en lo terrenal"* (Filipenses 3:19). Cuando los deseos de su cuerpo se convierten en el amo de su vida, su estómago se convierte en un dios del consumo excesivo, comiendo más de lo necesario. Pablo dice que para aquellos que viven para su estómago, su fin es la destrucción, su gloria es la vergüenza, y sus mentes están siempre puestas en las cosas carnales. Ese es el resultado de dejar que su estómago se descontrole. Ni siquiera estamos hablando todavía de los graves problemas de salud que conlleva comer en exceso.

No es mi intención parecer que insulto de manera personal a aquellos que realmente están luchando con su peso causado por razones distintas a las elecciones de vida poco saludables. Muchos creyentes hoy critican los pecados de lujuria y orgullo en otros, pero no han tratado el pecado de gula en sus propias vidas. No estamos llamados a vivir vidas carnales sino crucificadas. *"Pero los que son de Cristo han crucificado la carne con sus pasiones y deseos"* (Gálatas 5:24).

El ayuno es una gran manera de someter los apetitos de la carne. No es la única manera, pero es una manera muy efectiva. El ayuno es una preparación para liberarse de la esclavitud de la carne. Cuando ayuna, está entrenando a su cuerpo para que no obtenga lo que quiere. Su cuerpo ya no es su amo, el Señor lo es. El estómago ya no tiene el control, el Espíritu Santo lo tiene.

Aflicción del Alma

A Israel se le ordenó ayunar una vez al año en el Día de la Expiación. El mandamiento para este ayuno era, *"Afligiréis vuestras almas"* (Levítico 16:31).

Por lo tanto, el ayuno es una aflicción del alma. Me parece interesante que no diga, aflija su cuerpo. A veces parece una aflicción física. Pero aquí, vemos el ayuno como un sufrimiento del alma (el asiento de su mente, voluntad, y emociones). David menciona algo similar, *"Lloré afligiendo con ayuno mi alma, y esto me ha sido por afrenta"* (Salmo 69:10). Asimismo, Dios reprende a los israelitas por el ayuno erróneo que practicaban en Isaías 58:3, NVI: "¿Para qué ayunamos, si no lo tomas en cuenta? ¿Para qué nos afligimos, si Tú no lo notas?". Existe una conexión entre el ayuno y la aflicción del alma. El ayuno no es sólo físico, sino también emocional y mental. Requiere fuerza de voluntad. El ayuno expone cuánta influencia tiene su alma sobre su vida. Por eso, cuando usted ayuna, a su alma le dará un ataque; puede que se sienta malhumorado e irritable, inútil, dubitativo, atacado mentalmente, o que tenga dudas sobre sí mismo, pero eso es totalmente normal: es una aflicción del alma.

El ayuno expone abiertamente la relación malsana que tenemos con la comida. La comida no es su amiga. Su única función es nutrir las células del cuerpo. Cuando la buena comida hace que las personas se sientan felices, a menudo satisfacen sus emociones negativas o su aburrimiento comiendo. La llaman comida reconfortante cuando el exceso de comida se convierte en un consuelo para usted. Dios ha prometido que el Espíritu

Santo será nuestro Consolador. El enemigo quiere que recurramos a la nevera en busca de consuelo. Cuando usted ayuna, se ve forzado a lidiar con esas emociones toxicas de una nueva manera, llevándolas al Espíritu Santo en vez de encontrar un falso consuelo en la comida. El ayuno de comida nos entrena para compartir nuestros sentimientos con el Padre en vez de con la nevera o la despensa. Este proceso de santificación es una buena aflicción para el alma.

El ayuno nos ayuda a pasar de ser cristianos almáticos a ser cristianos espirituales; al poner el alma donde debe estar: en el asiento de atrás. Muchos creyentes dejan que su alma controle su vida en lugar de que sea su espíritu, pero el ayuno ayuda a romper el dominio de su alma sobre usted. Tenemos un alma, pero no tenemos que ser manipulados por nuestra alma. Debemos ser espirituales, no carnales. Si vivimos en nuestra alma, es tiempo de dar la vuelta y empezar a vivir controlados por el Espíritu Santo. A veces, tenemos que hacer lo que hizo David. Él le habló a su alma. *"¿Por qué te abates, oh alma mía, y te turbas dentro de mí? Espera en Dios; porque aún he de alabarle, Salvación mía y Dios mío"* (Salmo 42:5). Sea firme y háblele a su alma.

Durante su ayuno, no sólo se eliminarán las toxinas físicas, sino que también se irán las toxinas emocionales. Permita que el Espíritu Santo lo limpie de las toxinas del alma durante el ayuno. El ayuno aflige, humilla y debilita el control del alma. Usted no necesita ayunar por su espíritu, puesto que ya está sellado por el Espíritu Santo y hecho perfecto por el sacrificio de Jesús. Nuestro espíritu no es el problema; es el alma la que es un obstáculo. El ayuno ayuda a romper esa barrera del alma en el reino espiritual para que podamos vivir vidas más espirituales.

Desintoxicando Su Cuerpo

Aunque el ayuno tiene muchos beneficios espirituales, la abstinencia de alimentos también tiene una variedad de beneficios prácticos para la salud. Benjamín Franklin dijo: "La mejor de todas las medicinas es el descanso y el ayuno", y Mark Twain dijo: "Se dice que un poco de hambre puede realmente hacer más por el enfermo promedio que la mejor medicina y los mejores médicos". Aunque estos comentarios no son de profesionales de la medicina, hay algo de sabiduría en sus palabras. Me he dado cuenta de que hasta mi perro deja de comer cuando está enfermo. A los humanos nos pasa lo mismo: cuando estamos enfermos, perdemos el apetito, nuestro cuerpo entra en pleno ataque y todas las partes se ponen a la defensiva para luchar contra el virus o la enfermedad. No es momento de alimentarse, es momento de luchar.

Cuando usted ayuna, su cuerpo pasa de quemar glucosa a quemar cetonas. La glucosa es un tipo de azúcar que procede de los carbohidratos que le gustan, como el pan, la pasta, las frutas y la verdura. Cuando estos alimentos se digieren, se descomponen en glucosa. La glucosa pasa al torrente sanguíneo y sus células la utilizan como principal fuente de energía. Ahora bien, la segunda fuente de energía de la que su cuerpo empieza a depender cuando se abstiene de alimentos durante el ayuno son las cetonas. Las cetonas son producidas por el hígado cuando el cuerpo no tiene suficiente glucosa para producir energía. Cuando su cuerpo se queda sin glucosa, descompone la grasa almacenada en su cuerpo en cetonas. Estas cetonas se convierten en una fuente de energía alternativa para el organismo. Piense en las cetonas como la fuente de energía de reserva de su cuerpo. En otras palabras, durante el ayuno, el cuerpo dispone de una fuente de energía de reserva para los músculos, el cerebro y otros órganos. Cuando ayuna, entra en cetosis y su cuerpo recurre a esas reservas de grasa para obtener la energía que necesita. Al deshacerse de ese exceso de grasa, también se tienen algunos efectos desintoxicantes en el cuerpo.[15]

Durante el ayuno se produce físicamente algo interesante llamado autofagia. La autofagia es como un proceso de reciclaje y limpieza dentro de las células del cuerpo. Es un proceso celular continuo que aumenta con el ayuno, incluso durante uno o dos días. Imagine sus células repletas con un montón de piezas viejas y rotas, así como una maquinaria vieja, oxidada y con desechos. La autofagia es el proceso que descompone todo este material no deseado en las células y lo recicla en partes nuevas y útiles. Ayuda a mantener sus células sanas y eficientes eliminando lo que no necesitan. Cuando ayuna y no come durante cierto tiempo, este proceso de autofagia se acelera. Normalmente, sus células utilizan los alimentos ingeridos como energía. Pero cuando usted está ayunando, sus células no reciben este suministro regular de energía alimentaria. Entonces inician un proceso de limpieza profunda, descomponiendo las partes viejas y los residuos para crear energía. Es como si usted no tuviera madera, así que empieza a usar muebles viejos como leña para mantenerse caliente y cocinar la comida. Esta limpieza profunda durante el ayuno ayuda a que sus células se mantengan sanas e incluso ayuda a prevenir algunas enfermedades.

Los científicos han descubierto, en un avance calificado de «extraordinario», que el ayuno de tan sólo tres días puede regenerar todo el sistema inmunológico, incluso en los ancianos. Aunque los nutricionistas han criticado las dietas de ayuno como poco saludables, las nuevas investigaciones sugieren que hacer pasar hambre al organismo impulsa a las células madre a producir nuevos glóbulos blancos, que combaten las infecciones. En un estudio con ratones realizado en 2003 y supervisado por Mark Mattson, jefe del laboratorio de neurociencia del Instituto

Nacional sobre el Envejecimiento, los ratones que ayunaban regularmente estaban más sanos que los sometidos a una restricción calórica continua; tenían niveles más bajos de insulina y glucosa en la sangre, por ejemplo, lo que significaba una mayor sensibilidad a la insulina y un menor riesgo de diabetes.[16]

El ayuno también es excelente para el hígado. Cuando su cuerpo no está siendo bombardeado con sales, colorantes, azúcares y productos químicos artificiales, tiene la oportunidad de descansar – y su cuerpo tiene la oportunidad de procesar y deshacerse de todos los productos químicos nocivos acumulados. El ayuno somete a su cuerpo a una experiencia rejuvenecedora. Disuelve las células enfermas, dejando sólo tejido sano. También se produce una notable redistribución de nutrientes en el organismo. El cuerpo retiene vitaminas y minerales valiosos mientras procesa y elimina tejidos viejos, toxinas o materiales indeseables[17]. Durante el ayuno también se obtienen increíbles beneficios para la limpieza y la salud del corazón. A medida que disminuye su TMB, la grasa en la sangre comienza a desaparecer, ya que se metaboliza para obtener energía. Este proceso promueve un corazón sano y, para algunos, mejora los niveles de colesterol al aumentar los niveles de HDL.[18]

El ayuno favorece el control de la glucemia al reducir la resistencia a la insulina, lo que puede ser útil para mantener unos buenos niveles de azúcar en la sangre.[19] También ayuda a combatir la inflamación en el cuerpo[20]. El ayuno ayuda a perder peso, como seguramente todos sabemos, y estimula el metabolismo[21]. El ayuno podría retrasar el envejecimiento y prolongar la longevidad. Los estudios al respecto se limitan actualmente a animales. Sin embargo, en un estudio, las ratas que ayunaban en días alternos experimentaron un retraso en el envejecimiento y vivieron un 83% más que las ratas que no ayunaban[22].

¿Quiere un cuerpo más sano? Practique el ayuno. ¿Quiere acercarse más a Dios? Practique el ayuno. ¿Quiere mantener una vida espiritual saludable? Practique tanto el ayuno como la oración. El ayuno limpia el alma de los residuos tóxicos acumulados del mundo y de la carne. Y le da a la persona un deseo renovado de caminar junto a Dios en santidad. Añada el ayuno a su manojo de ramas para que su fuego arda aún más.

El ayuno mejorará y aumentará su habilidad para echar fuera demonios y ganar autoridad renovada sobre todo espíritu maligno en el reino espiritual que lo rodea. Venga a Jesús para una purificación interior a través del ayuno y la oración. En el siguiente capítulo, profundizaremos en el poder transformador del sacrificio y la generosidad para limpiar su alma de la avaricia y el orgullo.

CAPÍTULO II

La Leña del Sacrificio

Una gallina y un cerdo paseaban por el camino y vieron a un pobre granjero. La gallina le dijo al cerdo: "Vamos a prepararle el desayuno. Yo le daré un huevo y tú un poco de tocino". El cerdo replicó: "Para ti es fácil darle un huevo, pero para mí darle tocino es un sacrificio". Para ellos, dar un huevo sería simplemente una ofrenda, pero dar tocino sería un sacrificio. Digamos que, durante la mayor parte de mi vida cristiana, fui la gallina que daba a Dios lo que no me costaba, lo que no dañaba mi billetera. Desde mi adolescencia, mi padre nos enseñó el principio del diezmo, dar el diez por ciento de nuestros ingresos a Dios. Pero nunca crecí más allá de eso. Como cristiano, era un tacaño. Oía a la gente hablar de sembrar y dar con sacrificio, pero en mi mente, eran chiflados y manipuladores. Algunos de ellos realmente eran sólo eso.

Pero, mi mundo cambió cuando llegó el momento de hacer cierto sacrificio en 2013. Ya había estado casado algunos años y había sido pastor de jóvenes durante más de una década, pero no estaba viendo el avivamiento que creía que Dios nos había prometido. Estábamos atrapados en una rutina y espiritualmente estancados por un tiempo. Era como si hubiera un techo invisible sobre nuestro ministerio donde no podíamos ir más alto para cumplir con el llamado de Dios.

Un día me dirigía a predicar en una conferencia de jóvenes en California. En el vuelo de Alaska Airlines, estaba sentado en un asiento del pasillo, escuchando un sermón de un pastor de otro país. Este pastor compartió su testimonio personal de cómo Dios trajo avivamiento a su ministerio al hacer un sacrificio financiero. Su ministerio estaba estancado y sin resultados. Así que, cuando recibió una herencia de 10.000 dólares americanos, decidió sembrarla en el reino de Dios, con la esperanza de un avivamiento. Recuerdo escuchar esto y pensar, eso es una estupidez. No se puede comprar un avivamiento. Dios no necesita nuestro dinero. Sin embargo, la razón por la que estaba escuchando a este ministro era porque había abundante fruto en su ministerio que yo quería en el nuestro – gente siendo salvada, iglesias siendo plantadas, demonios expulsados, y sanidades notables ocurriendo.

Sentí una vocecita, pequeña y apacible que me decía que hiciera lo mismo. Al principio, rechacé ese pensamiento y, en mi necedad, reprendí al diablo. De ninguna manera Dios me pediría que regalara mis ahorros ganados con tanto esfuerzo. Mi esposa y yo vivíamos de mes a mes con lo que ganábamos, tratando de ahorrar dinero. Curiosamente, en los primeros años de nuestro matrimonio, con mucha diligencia y escatimando, pudimos ahorrar 10.000 dólares al momento en que yo estaba escuchando el mensaje de este pastor. Teníamos en nuestra cuenta bancaria la misma cantidad que él había regalado. Bueno, fui a esa conferencia de jóvenes a predicar, y cada vez que me detenía a orar, escuchaba este pedido, "Vacía tu cuenta bancaria y dona todos tus ahorros a un ministerio que esté produciendo frutos". Yo estaba confundido: ¿Es Dios, soy yo, o el diablo? Así que hice los cálculos básicos en mi cabeza. No puedo ser yo, porque no soy tan generoso. En realidad, era bastante tacaño. No creo que fuera el diablo porque él no representa la generosidad, especialmente apoyando la obra del reino de Dios. Tal vez esto fue manipulación del predicador que escuché en el podcast. Pero el predicador en realidad no le dijo a la gente que hiciera lo mismo que él hizo. Me quedé con la dolorosa verdad: Esto podría ser del Señor. Decidí sacarlo de mi cabeza, y le dije al Señor: "Si esto realmente viene de Ti, si cuando le comunique esta idea a mi esposa ella responde sin dudarlo mucho, entonces sabré con certeza que eres Tú". Sabía que ella no me permitiría desprenderme de nuestros ahorros, ganados con tanto esfuerzo, porque teníamos planes de comprar un terreno y construir una casa.

Ese pensamiento, esa impresión y la idea de dar todos nuestros ahorros no me abandonaron tras regresar a casa de la conferencia juvenil. Tardé tres días en armarme de valor e incluso presentarle esta idea a mi esposa. Entonces le dije que tal vez Dios nos estaba diciendo que tomáramos todos nuestros ahorros y los diéramos con el fin de posicionarnos para un avance espiritual. Pensé que saltaría y me llamaría loco. Pero ella respondió con algo que hizo las cosas aún más difíciles para mí. Ella respondió: "Si sientes que esta es la dirección del Señor, estoy de acuerdo contigo. Hagámoslo". Pensé, ¿en qué me he metido? Ahora mi esposa cree que soy una especie de profeta, cuando en realidad ni siquiera estoy seguro de que sea la perfecta voluntad del Señor. Para acortar la historia, decidimos donar ese dinero a un ministerio que estaba produciendo frutos. Era diciembre de 2013, y recibimos una carta de ese ministerio con una plegaria dedicada. Era una oración breve para que el avivamiento comenzara a darse en nuestro grupo de jóvenes. Me sentí esperanzado como si algo estaba a punto de cambiar.

Sin embargo, nada cambió. La iglesia seguió igual. Empecé a hacer un llamado a la salvación en cada servicio, pero nadie respondía. Ni siquiera teníamos personas perdidas en la iglesia. Decidí orar por sanidad en casi todos los servicios, pero no supe de nadie que fuese sanado por mis oraciones. Muy decepcionante.

Llegó el 2014 y el ministerio en el que sembramos 10.000 dólares nos llamó para decirnos que estaban orando por nosotros. Yo estaba muy contento. Entonces una de los intercesores en la línea dijo: "Dios nos dijo algo acerca de su ministerio". No podía esperar a escuchar lo que Dios había dicho. Así que nos conectamos por Skype, y ella dijo: "Dios nos dijo que te dijéramos que empezaras a dar a nuestro ministerio 1.000 dólares al mes". ¡Mi reacción fue la misma que la de usted ahora mismo! ¡¿Qué?! ¿Están locos? Eso es manipulación. No voy a hacer eso. Así que colgué la llamada de Skype y los eliminé de mi cuenta para que no pudieran volver a ponerse en contacto conmigo. Yo me decía a mi mismo: "Di mis ahorros en respuesta a la dirección de Dios, no porque alguien me dijera que tenía que hacerlo. Ahora creen que pueden conseguir más. Además, no puedo ahorrar más que unos cientos de dólares cada mes".

A la mañana siguiente, sentí la impresión del Espíritu Santo de confiar en Dios por los próximos 12 meses y donar $1,000 a ese ministerio. Mi esposa y yo nos rendimos y le dijimos a Dios que, si Él proveía esa cantidad de dinero, la daríamos. Si no lo tenemos, no lo daremos. Le pondríamos a prueba durante un año, no porque alguien en Skype nos dijera que lo hiciéramos, sino porque sentíamos que esto venía realmente del Señor. Durante los cuatro meses siguientes, no notamos que ocurriera nada diferente en la iglesia. Nosotros mismos empezamos a experimentar reveses financieros. Perdimos a los inquilinos de la única propiedad de alquiler que teníamos y no pudimos encontrar otros durante cuatro largos meses. Nunca me había encontrado con algo así en mi vida, mi mente estaba enloquecida.

Comencé a experimentar la intervención de Dios cuando alguien me envió un mensaje por Facebook, pidiéndome mi dirección para poder enviarme un cheque. Tenía unos cientos de seguidores en Facebook, pero nadie sabía realmente quién era yo. Entonces llegó una carta y cuando abrí el sobre encontré un cheque por exactamente 1.000 dólares. Dios proveyó la semilla que "se suponía" que yo debía dar. Luego viajé a otra conferencia de jóvenes donde me dieron un honorario que fue suficiente para la semilla de los siguientes 3 meses. Encontré a *Jehová Jireh*, el Dios que provee.

La revelación de Dios como Jehová Jireh a Abraham es una demostración poderosa de Su fidelidad. Él proveyó un sacrificio para Abraham. En Génesis 22:13-14 es donde aprendemos acerca del nombre de Dios, Jehová Jireh. Dios no proveyó para las necesidades o cuentas de Abraham sino para un sacrificio que Dios mismo le pidió. Siempre pensé que mi Dios proveedor, provee sólo para mis necesidades; pero en esos pocos meses, conocí al Dios que también provee una semilla.

> *"Y el que da semilla al que siembra, y pan al que come, proveerá y multiplicará vuestra sementera, y aumentará los frutos de vuestra justicia"*
> (2 Corintios 9:10).

Dios suministra la semilla al sembrador y el pan al consumidor. La mayoría de nosotros sólo conocemos el pan que Dios suministra, no la semilla.

Cuatro meses después en ese 2014, algo cambió en nuestro ministerio. Recuerdo ese servicio juvenil cuando alguien finalmente fue salvo. Luego a la semana siguiente otra persona y luego otra. Es como si una represa se rompiera. Desde entonces no hemos tenido una semana en la que alguien no se salve. Las sanidades empezaron a fluir; los testimonios empezaron a llegar a raudales. Las liberaciones comenzaron a surgir. El grupo de jóvenes explotó. Y ese año nos mudamos a nuestro nuevo hogar. Todavía no sé cómo pasó. No teníamos dinero extra. Dábamos todo cada mes. Seguimos creciendo en generosidad y continuamos dando $1,000 al mes a diferentes ministerios. Empezamos a donar vehículos y por la gracia de Dios, hemos donado más de 10 autos en 10 años. No estoy compartiendo esto para presumir sino para animarlo con ésta verdad divina que ha cambiado mi vida y ministerio.

Hace un año, cuando nuestra congregación entró en una nueva fase de construcción de iglesias, acabábamos de vender nuestra casa, cambiar algunas propiedades y ganar algo de dinero extra que estábamos ahorrando para comprar una casa de ensueño. Pero ambos nos sentimos inspirados por el Espíritu Santo de que era el momento de donar todos nuestros ahorros al fondo de construcción, ¡y eso fue doloroso! Fue el mayor sacrificio que jamás hayamos hecho y, poco después, diferentes personas de nuestra iglesia comenzaron a hacer ofrendas de sacrificio también. Un espíritu de generosidad estalló en nuestra iglesia. Al momento de escribir este artículo, también decidí devolver mi salario que la junta de la iglesia me asignó el año pasado y, por la gracia de Dios, continuaré haciéndolo mientras Él me provee.

Se Trata De Lo Que Nos queda

El concepto de sacrificio penetra en toda la Biblia. Abel ofreció un sacrificio a Dios. Noé ofreció un holocausto a Dios después del diluvio. Abraham fue probado por Dios para que sacrificara lo que más amaba: a su hijo. La ley del Antiguo Testamento prescribía cinco tipos de sacrificios que se pueden dividir en dos categorías: las "ofrendas de agradecimiento", que incluían ofrendas de grano con otras ofrendas de comunión, y las "ofrendas de arrepentimiento", que eran holocaustos, ofrendas por el pecado y ofrendas por la culpa. La palabra hebrea para sacrificio significa "matar como una ofrenda". El sacrificio conllevaba la idea de la muerte en nombre de alguien. Estos sacrificios no fueron para manipular a Dios para beneficio personal. Representaban respuestas agradecidas a las abundantes bendiciones de Dios, al perdón efectivo de los pecados y a la restauración de la comunión entre Dios y los hombres.

En esta era de la Iglesia, no tenemos que ofrecer sacrificios de animales para ganarnos el perdón de Dios porque Jesús efectivamente lo hizó en la cruz por nosotros. Por el sacrificio de *Su sangre* derramada, Él ha perfeccionado para siempre a aquellos que se acercan a Dios mediante el arrepentimiento y la fe (véase Hebreos 10:10-14).

Hoy en día siguen existiendo tres sacrificios. El "sacrificio de alabanza" según Hebreos 13:15. A veces alabar a Dios es realmente un sacrificio, especialmente cuando usted no tiene ganas de hacerlo. Pero Dios se complace cuando lo alaba y lo glorifica a pesar de sus circunstancias. El "sacrificio vivo de nuestros cuerpos", según Romanos 12:1. Dios se complace cuando usted presenta su cuerpo como un instrumento de justicia, santo y agradable a Él. Estar totalmente rendido a Él es adoración genuina. Y finalmente, el "sacrificio de nuestras finanzas". En Hebreos 13:16 el autor dice: *"Y de hacer bien y de la ayuda mutua no os olvidéis; porque de tales sacrificios se agrada Dios"*. Dios se complace cuando reflejamos Su carácter de generosidad. Agustín de Hipona, el gran obispo norteafricano, definió el sacrificio como "la entrega de algo de valor por el bien de otra cosa".

Dar con sacrificio es dar a otros más allá de sus posibilidades económicas. Los asesores y planificadores financieros actuales nos enseñan a vivir dentro de nuestras posibilidades, y con razón. Nuestra generación vive por encima de sus posibilidades, contrayendo inmensas deudas de tarjetas de crédito y cuantiosos préstamos bancarios. Pero, eso es por lo que Pablo alaba a la iglesia de Macedonia: *"Pues doy testimonio de que con agrado han dado conforme a sus fuerzas, y aún más allá de sus fuerzas, pidiéndonos con muchos ruegos que les concediésemos el privilegio de participar en este servicio para los santos."* (2 Corintios 8:3-4). Fueron generosos según sus fuerzas e incluso dieron más allá de su capacidad, libremente, de buena gana, incluso implorando con ruegos que Pablo recibiera su don. ¡Eso sí que es radical!

Las observaciones de C.S. Lewis sobre la generosidad pellizcan un poco. Escribe: "No creo que se pueda establecer cuánto se debe dar. Temo que la única regla segura es dar más de lo que a uno le sobra. En otras palabras, si nuestros gastos en comodidades, lujos, diversiones, etc., están a la altura de lo que es usual entre quienes tienen los mismos ingresos que nosotros, probablemente la cantidad que estamos dando es muy pequeña. Si lo que damos por caridad no significan restricciones ni trabas, diría que [nuestro gasto] es muy poco. Debería haber cosas que nos gustaría hacer y no podemos porque nuestros gastos en caridad lo impiden".[23]

El sacrificio no se mide por lo que damos, sino por lo que nos sobra después de dar. Jesús dijo que la viuda que dio dos centavos a las arcas del templo dio más que los que dieron mucho, porque lo dio todo (Marcos 12:41-44). Esta viuda no dio de un excedente. No había nada equilibrado o presupuestado en su donación. No era razonable. Incluso podría decirse que parecía imprudente dar todos sus ingresos. Pero reflejaba una actitud de amor total a Dios y una fe profunda. No había nada superficial o parcial en su manera de dar. Jesús se dio cuenta de su entrega radical y la felicitó. La mayoría de nosotros le habríamos aconsejado que no hiciera eso. Además, no olvidemos que ella dio su ofrenda al templo que no era enteramente santo y justo. Alguien puede argumentar que ella estaba dando a un lugar indigno. Pero Jesús no vio su ofrenda de esa manera. Cuando Jesús comparó su ofrenda con las de otros, Él resaltó la manera en que Él mide nuestras ofrendas. El verdadero sacrificio no es lo que das sino lo que te queda. Si alguien da $5 y eso es todo lo que tiene para dar, eso es un sacrificio doloroso. Otra persona puede dar 5.000 dólares y todavía le quedan 50.000 dólares. Sus $5,000 son solo una ofrenda, no un sacrificio.

Dar con sacrificio es dar hasta que duela y así es como yo lo defino. Si su ofrenda al Señor no duele, o afecta el nivel de comodidad de su estilo de vida, entonces no es sacrificial. Si su dar no lo pone a prueba, y no presiona su fe, entonces lo más probable es que no sea un sacrificio. No todo el dar tiene que ser sacrificial, pero tenemos que crecer en la gracia de Dios para practicar el dar sacrificial en nuestro desarrollo como discípulos de Jesucristo.

El Diezmo es el Punto de Partida

Me parece interesante que Jesús no se centrara demasiado en el diezmo en Sus enseñanzas. Él corrigió el abuso legalista del diezmo, pero el diezmo no fue Su enfoque principal. Creo y enseño la práctica del diezmo, pero también creo que dar sólo el 10% de los ingresos de uno es perder todo el sentido de dar. La práctica del diezmo en el Antiguo Testamento se remonta a mucho antes de que Dios diera la Ley a Moisés. Abraham y Jacob lo practicaban unos 400 años antes. Esta práctica se convirtió en ley sólo después de que Israel salió de Egipto. La ley del diezmo fue principalmente una respuesta a su liberación de la esclavitud; nosotros vivimos en respuesta a la muerte sacrificial de Jesús y a nuestra salvación. Nuestra generosidad es una respuesta al don de Dios de la salvación eterna a través de la fe.

La ley del diezmo del Antiguo Testamento se centraba principalmente en el mantenimiento del ministerio de los sacerdotes y levitas, y en las tareas de mantenimiento del templo. La iglesia del Nuevo Testamento tiene la misión y la visión de alcanzar el mundo, no sólo de mantener los edificios de nuestra iglesia y pagar el personal y los servicios públicos. Nuestra generosidad es para proveer combustible para la misión de alcanzar al mundo para Jesucristo. Todas nuestras ofrendas, diezmos o sacrificios son para alimentar la gran comisión, ya sea a través de la iglesia local que está ganando almas o apoyando a los misioneros que están difundiendo el Evangelio.

El diezmo por sí solo pierde todo el sentido del discipulado. Piense en esto: *"Y respondiendo, les dijo: El que tiene dos túnicas, dé al que no tiene; y el que tiene qué comer, haga lo mismo"* (Lucas 3:11). El estándar es bastante alto. Si usted tiene dos túnicas y da una, eso es el 50% de lo que tiene, no sólo el 10%.

Cuando Jesús entró en casa de Zaqueo, el nuevo converso declaró: *"He aquí, Señor, la mitad de mis bienes doy a los pobres; y si en algo he defraudado a alguno, se lo devuelvo cuadruplicado"* (Lucas 19:8). El nuevo discípulo de Jesús se comprometió no sólo a dar el 10% a los pobres, sino que les ofreció el 50% de sus bienes. Arrepentido, también restituyó generosamente todo lo que había extorsionado a los contribuyentes. Eso es radical y parece irrazonable al principio, pero Jesús no se opuso a su generosidad. Jesús no dijo: "Espera Zaqueo, no necesitas hacer eso". En lugar de eso, Jesús respondió: *"Hoy ha venido la salvación a esta casa"* (véase Lucas 19:1-9).

Es difícil leer libros y artículos sobre el discipulado y conciliar cómo sus enseñanzas sobre el modelo del 'diezmo' encajan con lo que observamos en los versículos anteriores. No me opongo al diezmo. Creo que es un buen punto de partida, pero el verdadero discipulado requiere que entreguemos toda nuestra vida y estemos 100% disponibles para el Señor. Para un cristiano, solo el 10% debe ser el piso, no el techo. Debería ser un punto de partida, no un punto final.

Incluso Pablo instó a los seguidores de Jesús no sólo a ser generosos, sino a sobresalir en generosidad.

"Por tanto, como en todo abundáis, en fe, en palabra, en ciencia, en toda solicitud, y en vuestro amor para con nosotros, abundad también en esta gracia"
(2 Corintios 8:7).

La generosidad tiene menos que ver con las donaciones y más con el discipulado:

"Respondió Jesús y dijo: De cierto os digo que no hay ninguno que haya dejado casa, o hermanos, o hermanas, o padre, o madre, o mujer, o hijos, o tierras, por causa de Mí y del evangelio"
(Marcos 10:29).

Un verdadero discípulo se compromete a sacrificarse por Jesús y por el Evangelio. Nuestra vida no debe ser más querida para nosotros de lo que fue la vida de Jesús para Él. Los apóstoles y los mártires actuaron según este principio. Podemos desperdiciar nuestra vida aferrándonos a ella y arruinándola por el pecado, o bien entregar nuestra vida por Su causa. C.T. Studd, el misionero británico, dijo una vez: "Sólo una vida, pronto pasará, sólo lo que se hace para Cristo durará".

Si usted tiene miedo de perder su riqueza y las ambiciones personales de su vida por amor a Jesús, quiero recordarle que Jesús es digno de todo lo que teme perder. En la raíz del discipulado está el sacrificio, la muerte al yo, una entrega total a Su voluntad. Como dijo una vez Jim Elliot, que fue asesinado en su campo misionero: "No es tonto el hombre que da lo que no puede conservar para ganar lo que no puede perder".

Espiritualmente Rico

Cuando se aumenta el fuego espiritual en el altar, hay mucho más que "sacrificar" de lo que usted imagina. Es un componente esencial para alimentar el fuego. La oración combate la vanagloria y el orgullo. El ayuno combate los apetitos. Dar combate la avaricia. El dinero ejerce una mayor atracción sobre su corazón que la comida porque su corazón sigue a su tesoro. Dar redirige su corazón. Jesús dijo,

"Porque donde esté vuestro tesoro, allí estará también vuestro corazón"
(Mateo 6:21).

No dice donde esté su ayuno está su corazón. Tampoco dice que donde esté su oración está su corazón. Tampoco dice que donde esté su corazón estará su tesoro. El corazón *sigue* al tesoro. Usted decide dónde poner su tesoro y su tesoro tirará de su corazón en esa dirección. Agustín, uno de los padres latinos de la iglesia, dijo: "Donde está tu placer, allí está tu tesoro; donde está tu tesoro, allí está tu corazón; donde está tu corazón, allí está tu felicidad".

El tesoro del que habla Jesús es algo más que la fuente financiera de su diezmo o limosna. En Mateo 6, Jesús habló de dar limosna a los pobres, orar en secreto y ayunar delante de Dios. Pero luego vuelve Su atención al tema de sus tesoros o cualquier cosa que usted valore mucho. Nos dice que no los almacenemos aquí en la tierra, sino que los entreguemos al reino espiritual que se llama "cielo".

Entregar sus tesoros materiales a Dios puede ser doloroso. El sacrificio aprieta su corazón. Si éste no aprieta su corazón, no moverá su corazón. Sacrificio es dar lo que le cuesta, no lo que le conviene dar, y suele ser doloroso. No es dar de su excedente o de lo que tiene en abundancia. No es dar lo que le sobra a Dios. Es como cuando Abraham entregó a su amado y prometido hijo Isaac a Dios. Ofreció a Isaac, no a Ismael. Es entregar lo que amamos, no lo que no necesitamos.

Jesús modeló una vida de sacrificio y Sus discípulos siguieron ese ejemplo. Dejaron su hogar, su familia y sus amigos para seguir a Jesús. David fue un ejemplo de donante extravagante, habiendo donado más de 100.000 talentos de oro (unas 3.365 toneladas) para el proyecto del templo. Si lo convertimos al valor actual del oro, su valor es de unos 200.000 millones de dólares. También donó un millón de talentos de plata (unas 33.000 toneladas) por un valor de 24.000 millones de dólares. Eso es mucho dinero donado a un proyecto de construcción de un templo. Y María es otro ejemplo de generosidad, ya que dio perfume por valor del salario de un año para ungir los pies de Jesús.

Cuando mi esposa y yo iniciamos el camino de la generosidad radical, empecé a ser más consciente del cielo. Al principio, me preocupaba que tal vez fuera una señal de que iba a morir pronto. Tal vez el Señor me estaba preparando para dejar esta tierra. Tenía entre 20 y 30 años; demasiado pronto para morir. Le pregunté al Señor por qué me atraía tanto pensar en el cielo. Sé que las Escrituras nos dicen que el cielo es nuestro hogar definitivo y nuestra esperanza eterna, pero no pensaba tanto en ello hasta que comencé a dar más.

El Espíritu Santo me respondió gentilmente durante la oración y dijo: "Por primera vez tienes más tesoros almacenados aquí en el cielo que allí en la tierra y por lo tanto tu corazón está gravitando hacia donde está tu tesoro". Usted sabe que, si pone todo su dinero en la bolsa de valores, estará revisando su cuenta de la bolsa diariamente. Si pone su tesoro en el cielo, estará pensando en el cielo. Su corazón sigue a su tesoro.

Muchos de nosotros tenemos una mentalidad tan terrenal que no somos conscientes del cielo o del reino de Dios porque nuestros tesoros no están allí. Están aquí en la tierra. Dejamos que nuestras raíces crezcan demasiado profundamente en el mundo visible y material que se desvanece. Jesús llamó necio al hombre rico porque acumulaba tesoros para sí en la tierra, pero no era rico para con Dios. Pablo le dijo a Timoteo que enseñara a los ricos *"que sean ricos en buenas obras"* y a acumular para sí mismos un fundamento para el tiempo venidero (1 Timoteo 6:18-19).

La generosidad contribuye mucho, mucho más a su crecimiento espiritual de lo que cree. La Biblia tiene más versículos sobre el dinero que sobre la fe y la oración juntas. Alrededor del 15% de todo lo que Jesús enseñó fue sobre el dinero, más que sobre el infierno y el cielo juntos. Un tercio de Sus parábolas trataban sobre el dinero. El único tema del que Jesús habló más que del dinero fue el Reino de Dios. ¿Por qué? El dinero es un gran indicador de dónde residen nuestra lealtad y devoción. Alguien dijo: "Un talonario de cheques es un documento teológico; te dirá a quién y qué adoras". Su estado de cuenta bancaria dice en qué cree.

En cuanto a nosotros los cristianos, nuestro patrimonio neto no debería determinar nuestra autoestima. No confiamos en las riquezas, sino en nuestro proveedor: Dios. No estamos apegados a nuestras posesiones. Ellas no son dueñas de nosotros, nosotros las poseemos a ellas. Cuando llega el momento de desprendernos de nuestras posesiones, lo hacemos con gusto. No somos dueños, sino administradores o gerentes de lo que se nos ha dado. Dar resulta fácil cuando considera que todo lo que tiene no es suyo.

Eternamente Rico

La generosidad hace que transfiramos nuestros recursos de aquí para allá. Hay una parábola humorística sobre un hombre rico que va al cielo y se encuentra con Pedro en las puertas del cielo. Esperaba una mansión. En lugar de eso, Pedro le llevó a una pequeña choza que era bonita pero no como el hombre rico esperaba. El hombre rico le preguntó a Pedro: "Pensaba que todos tendrían una mansión en el cielo". Pedro le respondió: "Construimos el mejor tipo de casa con el material que nos enviaste". Aunque no es una historia real, tiene algo de verdad. Jesús dijo:

> *"Sino haceos tesoros en el cielo, donde ni la polilla ni el orín corrompen, y donde ladrones no minan ni hurtan"*
>
> (Mateo 6:20).

Podemos almacenar tesoros en el cielo. Y esos tesoros serán nuestros por toda la eternidad. Cuando sembramos en el reino de Dios, todo se transfiere a nuestra cuenta celestial. En el cielo, gana enormes intereses:

> *"Y cualquiera que haya dejado casas, o hermanos, o hermanas, o padre, o madre, o mujer, o hijos, o tierras, por Mi nombre, recibirá cien veces más, y heredará la vida eterna"*
> (Mateo 19:29).

Imagínese haber invertido en Amazon, Apple o Tesla cuando empezaron. Lo más probable es que usted haya perdido esa oportunidad, pero esas empresas vienen y se irán. El reino de Dios es eterno. Usted vivirá para siempre. Sea sabio al invertir en su cuenta eterna. No debe preocuparse por guardar más y más en su Cuenta Individual de Jubilación (IRA, por sus siglas en inglés), pero lo más importante es que necesita planear y contribuir a su Cuenta Individual de Eternidad (CIE).

Recuerde, lo que sale de su mano no sale de su vida. Se transfiere a su cuenta eterna. Allí, Jesús dijo que nadie puede robarlo. La inflación no puede comérselo. Satanás no puede tocarlo. Aquí en la tierra, nuestros recursos pueden perderse debido a malas inversiones, inflación, robo, y a veces solamente por ataques demoniacos a nuestras finanzas. Sin embargo, Satanás no puede robar lo que le ha dado al Señor. Él no puede meterse con su cuenta espiritual.

John Maxwell, en su libro "Los 11 Cambios Esenciales que Todo Líder Debe Abrazar", cuenta una historia sobre James y algunos de sus amigos que salieron en un barco a pescar langostas y habían conseguido una captura masiva de 125 langostas.

Cuando volvió a casa, tenía el congelador lleno de langostas, más que suficientes para todo un año. Al día siguiente, su amigo Jeff se pasó por casa y James le ofreció una langosta. Jeff quedó encantado. Esta interacción con Jeff le hizo preguntarse: "¿A quién más conozco que pueda disfrutar recibiendo una langosta?". James se entusiasmó tanto con la idea de regalar langostas a sus amigos que al final de la semana había regalado 122 langostas, quedándose sólo con tres para él. Se lo pasó tan bien regalando que ni siquiera le importó que su reserva hubiera disminuido de un año a sólo lo suficiente para una comida. Varios días después, James entró en su garaje y le asaltó un terrible hedor. Siguió su olfato hasta el congelador y al abrirlo, descubrió que se había ido la luz y que las tres langostas que le quedaban se habían echado a perder. Mientras limpiaba el desastre, sintió lástima de sí mismo. Pero entonces se acordó de todas las langostas que había regalado, y le dio una gran alegría. Si no las hubiera compartido generosamente con los demás, se habrían echado a perder.

Cuando se trata de vivir para la eternidad, John Wesley es un buen ejemplo de ello. En los años 1700, fue una figura muy importante y activa en el Despertar Evangélico en Inglaterra. Trabajó muy duro, enseñando, predicando, escribiendo, organizando eventos y participando en causas sociales. John Wesley ganó mucho dinero con los libros que escribió, más de 100.000 libras esterlinas, lo que hoy equivaldría a 10 millones de dólares. Pero cuando murió, no tenía dinero porque había dado casi todo lo que tenía para ayudar a los pobres, apoyar actividades cristianas y ayudar a otros ministros. Dedicó su vida, sus habilidades y su dinero a edificar la fe cristiana.

Uno de los sermones más famosos de Wesley es "El Uso del Dinero". Este sermón examina de cerca un versículo de la Biblia – Lucas 16:9. En ese sermón dijo: "Gana todo lo que pueda, ahorre todo lo que pueda y da todo lo que pueda". Aquí están las palabras de la conclusión de ese sermón: "Gane todo lo que pueda, sin dañarse a sí mismo ni a su prójimo, en alma o cuerpo, aplicándote en esto con ininterrumpida diligencia y con todo el entendimiento que Dios le ha dado. Ahorre todo lo que pueda, suprimiendo todo gasto que sirva para satisfacer deseos insensatos; para gratificar el deseo de la carne, el deseo de los ojos o la vanagloria de la vida; no malgaste nada, viviendo o muriendo, en pecado o insensatez, ya sea para usted o para sus hijos. Y luego, de todo lo que pueda, o, en otras palabras, de todo lo que tenga a Dios. No se limite en esta o aquella proporción. *"Dad a Dios"*, no la décima parte, ni la tercera parte, ni la mitad, sino todo lo que es de Dios, sea más o menos; empleándolo todo en uno mismo, en su familia, en la familia de la fe, y en toda la humanidad, de tal manera, que puedas dar buena cuenta de tu mayordomía cuando ya no pueda ser mayordomo".

Bendecido Financieramente

El sacrificio financiero no sólo trae riqueza espiritual, y riquezas eternas, sino que también libera bendiciones financieras. Cuando se trata de prosperidad financiera, hay dos extremos: el evangelio de la prosperidad como algunos lo llaman, y el evangelio de la pobreza. Ninguno de estos es el Evangelio de Cristo. Jesús tenía un solo evangelio que predicaba, que era el evangelio del reino. En pocas palabras, el evangelio de la prosperidad enseña que si eres justo serás rico, mientras que los predicadores del evangelio de la pobreza afirman que si eres pobre eres piadoso y la riqueza es malvada. Se puede abusar de cada verdad en la Palabra de Dios. Yo no creo ni en el evangelio de la pobreza ni en el de la prosperidad, pero sí sé que usted no puede superar a Dios en cuanto a dar, y que la prosperidad tiene el propósito de ser usada como un medio para servir a Dios.

Jesús dice: *"Dad, y se os dará; medida buena, apretada, remecida y rebosando darán en vuestro regazo; porque con la misma medida con que medís, os volverán a medir"* (Lucas 6:38). Dar retribuye. No damos para recibir; recibimos para dar. Es un principio que funciona.

En otro lugar, Pablo se refirió a dar como sembrar. *"Pero esto digo: El que siembra escasamente, también segará escasamente; y el que siembra generosamente, generosamente también segará"* (2 Corintios 9:6). Todo el mundo conoce los principios básicos de la agricultura: Se cosecha lo que se siembra. Se cosecha donde se siembra. Se cosecha más de lo que se siembra. Sólo se cosecha después de haber sembrado. Pablo, que enseñó mucho sobre el sufrimiento y la persecución, no rehuyó enseñar el principio de que los que siembran o dan generosamente también cosecharán generosamente.

John Bunyan dijo: "Había un hombre allí, aunque algunos lo llamaban loco, cuanto más daba, más tenía". Creo que todo dador generoso ha experimentado eso. No se puede explicar; ¡sólo se puede experimentar! La generosidad nos enseña que Dios es nuestra fuente; nuestro trabajo es sólo un recurso. Si no la practicamos, no creemos realmente en ese principio.

He sido testigo personal de cómo el sacrificio cambia las temporadas en la vida. He aprendido a dar sacrificios, no para obtener dinero de Dios, sino para estar en sintonía con Su Espíritu Santo. También he sido testigo de cómo Dios fue fiel cada vez que fui obediente. Las bendiciones vienen de la obediencia. La obediencia es a veces la mayor forma de sacrificio. Una vez, mi esposa y yo teníamos un plan de cuatro años para ahorrar dinero para comprar un terreno y construir una casa, pero en lugar de eso, como mencioné al principio de este capítulo, se lo dimos todo al Señor. No esperaba nada a cambio económicamente. De hecho, me olvidé por completo de la casa que queríamos construir. Y como si nada, en menos de doce meses nos mudamos a una casa nueva construida a medida al lado de la iglesia. Fue una locura. Mi esposa y yo estábamos impresionados de cómo sucedió. Fue como si el versículo de Mateo 6:33 cobrara vida y todas estas cosas nos fueran añadidas.

Recuerdo cuando, poco antes de que llegara la pandemia del Coronavirus, lancé un sitio web para vender mis libros en versión electrónica, así como mis sermones en audio. Sin embargo, durante un tiempo devocional personal, el Señor me habló claramente para ofrecer todo en línea de forma gratuita. Él dijo que a mi ministerio, Él me envió a las personas que más necesitaban mis materiales, pero que no podían permitirse el lujo de pagarlo. También prometió que enviaría personas para financiar el ministerio. Obedecí de inmediato. Esa semana alquilé un apartado postal para mi ministerio. Al día siguiente quise ir a mi apartado postal y probar la llave, sólo para comprobarlo. De camino a la oficina de Correos, me detuve a comprobar cuántas descargas se habían producido en mi sitio web en las 24 horas anteriores. Realmente, nadie sabía quién era yo en ese momento. Sin embargo, vi que tenía 1.400 descargas. ¡Vaya! Y para mi mayor sorpresa, cuando abrí mi apartado de correos, había un cheque por exactamente 1.400 dólares esperándome en un sobre. Mi apartado postal no se mencionaba en ninguna parte de la red. ¡No lo podía creer! Era como si Dios dijera: "Confía en mí. Te tengo". Desde entonces, decidí ofrecer siempre mis materiales gratis. Dios ha sido tan fiel.

Recientemente, cuando dimos al Señor nuestro mayor sacrificio, una vez más dimos nuestros ahorros de la venta de la casa y algunas otras cosas que hicimos, además de los bienes raíces. Teníamos planes de comprar un terreno donde pudiéramos construir nuestra propia casa y vivir en ella por el resto de nuestras vidas. El terreno que buscábamos era demasiado caro o el que realmente queríamos no estaba disponible. Un mes después de aquel sacrificio, decidí renunciar también al salario que me pagaba nuestra iglesia. Poco después, alguien me llamó y me ofreció venderme una propiedad. Era ideal y exactamente lo que mi esposa soñaba tener. Dios le había hablado a esta persona para que la vendiera y no se quedara con ella. Por supuesto, no teníamos los medios necesarios para comprarla. Pero, en poco tiempo, llegaron todos los fondos. ¡Dios proveyó!

Puedo seguir y seguir acerca de cuántas cosas inexplicables han sucedido en mi vida en el área de las finanzas desde que empecé a obedecer a Dios en el área del sacrificio. De nuevo, quiero declarar que no creo que esto sea un truco de "dar 1,000 para obtener 10,000". Enfatizo una vez más, no damos para recibir – recibimos para dar. La Biblia prioriza el trabajo duro, la planificación y la buena administración, y dar no es el único principio que las Escrituras destacan sobre el tema de las finanzas. En verdad, nuestro Dios sigue siendo el Dios que derrama maná en el desierto, alimenta a un profeta con el pico de los cuervos y hace que la botella de aceite y el recipiente de harina no se vacíen. ¡Él es el Dios que es más que suficiente! Él puede multiplicar el pan y los peces para usted y guiarlo para que encuentre dinero para los impuestos en la boca de un pez (véase Mateo 17:27).

Una vez leí un testimonio de Robert G. LeTourneau. Nació el 30 de noviembre de 1888, en una familia cristiana. Al principio, rechazó el Evangelio, pero luego, a los 16 años, vino a Jesús. A los 30 años, se dedicó a ser el empresario de Dios. Robert diseñó y construyó máquinas e implementos más allá de la imaginación del hombre común. Introdujo en la industria del movimiento de tierras y la manipulación de materiales el neumático de caucho, hoy casi universalmente aceptado. Inventó y desarrolló la rueda eléctrica. Fue pionero en la soldadura de diversos metales. Sus gigantescas plataformas móviles de perforación marina sirven de soporte a la maquinaria que perfora en busca de reservas submarinas de petróleo en todo el mundo. Además de todo esto, mostró su preocupación por el testimonio del Evangelio estableciendo servicios regulares de capilla para sus empleados y empleando a tres capellanes a tiempo completo en sus plantas de fabricación.

La Universidad LeTourneau, que él y su esposa fundaron, puede que sea uno de sus mayores logros, ya que su influencia se ha multiplicado y extendido por todo el mundo gracias a los jóvenes cristianos dedicados que estudiaron en la universidad. Creó una publicación mensual llamada NOW en inglés, (AHORA), que llegó a 600.000 personas durante su vida y dio la vuelta al mundo con su mensaje.

Viajó por todo el mundo como un testigo cristiano empresario. Fue el creador de casi 300 inventos y tuvo cientos de patentes a lo largo de su vida. Y a medida que tuvo éxito financiero, ¡aumentó sus donaciones hasta el punto de dar el 90% de sus ingresos a la obra del Señor! Revirtió el diezmo dando el 90% al Reino de Dios y viviendo con sólo el 10%. Una vez Robert dijo: "Yo saco [el dinero] con una pala, y Dios lo devuelve con una pala... ¡pero Dios tiene una pala más grande!". ¡Me encanta eso! Dios tiene una pala más grande.

En conclusión, me gustaría añadir que Dios no está en contra de que tengamos riquezas, sino de que las riquezas nos tengan a nosotros. Abraham fue el padre de la fe y amigo de Dios, sin embargo, era muy rico. David era un hombre conforme al corazón de Dios, y aun así era rico. El cielo esta hecho de oro y material muy costoso, sin embargo, es la santa morada de Dios. La Biblia condena la riqueza en tres aspectos: el amor por ella (1 Timoteo 6:10), la confianza en ella (Marcos 10:23-24) y el obtenerla de manera equivocada (Efesios 4:28).

Así como la oración vence a la vanagloria y al orgullo, y el ayuno a la lujuria, dar nos libera de las garras de la codicia. De todo lo que perdamos por causa de Jesús, estamos siendo liberados sólo temporalmente. Esto irá a nuestra cuenta celestial. Recuerde, cualquier cosa a la cual se aferre con fuerza, será suya temporalmente; y la perderá permanentemente en la eternidad. El dinero es un buen medio, pero un mal amo. No deje que el dinero lo posea. El fin es servir a Jesús con su dinero.

No adore al dinero, adore a Dios con su dinero. No tema perder lo que no puede conservar, porque Jesús es digno de todo lo que teme perder. Tema a Dios más de lo que teme perder dinero, porque aun así va a dejarlo todo atrás. Nunca he visto un camión de mudanzas enganchado a una carroza fúnebre. Por lo tanto, no puede llevarse nada consigo, pero puede enviarlo por adelantado. Dar con sacrificio es algo que el Señor lo impulsará a hacer cuando su vida esté ardiendo por el Señor.

CAPÍTULO 12

Ataque de Víboras

Cuando era adolescente y vivía en Ucrania, jugábamos al fútbol en mi calle casi todos los días. No teníamos video-juegos, ni televisión, ni siquiera juegos de mesa. Teníamos un balón de fútbol y el patio trasero de un vecino. El fútbol sacaba lo mejor y lo peor de todos nosotros. A veces parecía que necesitáramos volver a ser salvos después del partido. A veces, nuestras emociones estaban a flor de piel, y unas cuantas veces, incluso llegamos a pelearnos físicamente por el tonto juego.

La idea básica del fútbol es que hay dos equipos contrarios que quieren ganar. Una vez que usted tiene el balón, su equipo hace todo lo posible para que tenga éxito. Del mismo modo, el equipo contrario hace todo lo posible para que usted pierda el balón. Puede que esté leyendo esto, pensando que estoy intentando explicarle deportes a un niño pequeño. Espere un poco. El equipo contrario no lo ataca hasta que tiene el balón. El único momento en que el equipo contrario deja de atacarlo es cuando pierde el balón o usted marca un gol.

Así es como funciona nuestra vida cristiana. Quiero que sepa que estamos en el equipo ganador: el equipo de Jesús. Dios tiene montones de personas, ángeles y al Espíritu Santo ayudándolo a ganar. El camino a la victoria no es fácil porque hay un equipo contrario llamado el reino de las tinieblas. Al reino del adversario no le importa mientras usted no tenga el balón (fuego y una misión de Dios). Si usted es frío, complaciente, cómodo, transigente, o un cristiano carnal, no es una amenaza para el enemigo. Él no pierde su tiempo atacando su fuego porque usted ya cayó en su trampa. Es cuando usted toma el balón, enciende el fuego en su altar, que usted se convierte en un dolor de cabeza para el diablo. Usted tiene el potencial de poner al mundo patas arriba. Va a ganar almas, lo que significa que el diablo perderá. Es por eso que los cristianos son atacados después de que se encienden. Somos una amenaza para el adversario, así que él usa todo lo que tiene para tratar de detenernos.

Sobrevivir a la Tormenta Sólo para ser Mordido por una Serpiente

De regreso con Pablo en la isla de Malta. Encendieron un fuego y Pablo estaba ocupado llevando ramas para mantenerlo encendido. Justo cuando las cosas se pusieron buenas y cálidas, apareció una víbora. Algunos creen que era la *vipera aspis*, a la que le gusta la madera. Hoy en día está extinguida en la isla de Malta, probablemente porque la madera ha sido eliminada de la isla. Saliendo de los manojos de ramas secas que Pablo había recogido, la serpiente fue por su mano. No se limitó a atacarlo y caer de nuevo al fuego, sino que se clavó en su mano. Lucas, el escritor del libro de los Hechos, no menciona en el relato si se trataba de una serpiente venenosa. Pero lo interesante es que los isleños pensaron que era una serpiente mortal, ya que esperaban que Pablo cayera muerto. Sin embargo, Pablo no cayó muerto, sino que arrojó la serpiente a las llamas.

Como Pablo estaba siendo atacado por la serpiente, los que le rodeaban empezaron a chismorrear. Es curioso cómo sucedió eso. En el momento en que usted está bajo ataque, la gente empieza a hablar. Los isleños vieron que Pablo sobrevivió a un naufragio, pero luego fue atacado por una serpiente. Concluyeron que los dioses le estaban pagando por algún mal que había hecho. Los rumores corrían alrededor, y Pablo estaba recibiendo su merecido. Cuando Pablo arrojó la serpiente al fuego y no le pasó nada, todos cambiaron de opinión. Pablo ya no era un asesino que merecía la muerte, era un dios para ellos. Que rápido cambiaron de opinión, Pablo pasó de ser un asesino a un dios. Obviamente, ambas conclusiones sobre Pablo eran erróneas.

El Fuego Expone

Había una serpiente entre la madera, y el calor la incomodaba. Permítame señalar de nuevo que ¡el calor hizo que la serpiente se sintiera muy incómoda!

> *Y una víbora, huyendo del calor*
>
> (Hechos 28:3).

A las serpientes les gusta permanecer escondidas, pero el fuego siempre las expone. El fuego las empuja hacia afuera. A veces la gente me pregunta cómo llevar la liberación a la iglesia. ¿Cómo hacer que los demonios dejen de esconderse? Mi respuesta es aumentar el calor. Los demonios odian el fuego. No soportan la unción. Cuando digo "fuego", no me refiero a más pasión, entusiasmo o exageración. Los demonios no se sienten amenazados por la pasión, sino por el poder. No son las habilidades de hablar elocuentemente lo que los hace salir; es el nombre de Jesucristo.

Cuando usted empiece a encender fuego en su vida espiritual, no se sorprenda si empiezan a salir serpientes. El fuego no atrae a las serpientes; simplemente las expone. Las víboras siempre han estado ahí escondidas; sólo que usted no lo sabía. El fuego las hizo sentir incomodas por primera vez. Aquellos que empiezan a profundizar en el Señor a veces se desaniman cuando se encuentran con este tipo de ataques. Algunos creyentes optan por apagar el fuego para detener a las víboras. ¡Qué solución tan equivocada! Es como jugar directamente en las manos del enemigo. El fuego no es el problema; las serpientes son el problema. Mate a las serpientes, pero siga alimentando el fuego. Aguante los ataques hasta que el enemigo sea derrotado.

Si empezó a ser atacado después de venir a Jesús, Jesús no es su problema; los demonios lo son. Lo más probable es que esos demonios hayan estado ahí por generaciones porque nadie los molestaba. Hasta que usted empezó a encender el fuego, ellos estaban operando tras bambalinas sin ser detectados. Ahora no es el momento de apagar el fuego; ¡es el momento de aplastar la cabeza de la serpiente!

Ataques Desde el Exterior

Por favor entienda que en este capítulo estamos tratando con ataques demoniacos, no con circunstancias naturales o malas, ni siquiera con la persecución por nuestra fe. También, es importante diferenciar entre ser demonizado y ser atacado por demonios. Estar demonizado significa que tiene demonios viviendo en usted. Sí, eso también puede sucederles a los cristianos. Para mas explicación sobre este tema, por favor vaya a mi canal de YouTube. Cuando los demonios están dentro, atormentan, acosan, atraen, esclavizan, causan adicciones y atacan el cuerpo físico. Esos demonios deben ser expulsados – ¡echados fuera! A esto le llamamos liberación: eliminar a los demonios del interior. Es un desalojo. La liberación es expulsar a los demonios fuera de la persona, no sacar demonios de sobre la persona. Se que es muy popular en círculos carismáticos sacar demonios de encima de una persona, pero no está en la Biblia. Los demonios son expulsados de una persona, no salen de encima de una persona.

Después de que una persona es liberada, o si una persona no tenía demonios en su interior, él o ella aún puede experimentar ataques de demonios. Esos ataques desde el exterior son diferentes a los ataques desde el interior. La primera gran diferencia es que los demonios no están dentro. Es como tener mosquitos dentro de casa versus tenerlos fuera de casa. O como que llueva dentro de la casa versus que llueva afuera porque usted tiene un agujero en el techo. Cuando están afuera, no pueden controlarlo; pero aún pueden atacarlo. A veces los demonios atacan para abrir una puerta; otras veces, atacan simplemente porque son demonios: están aquí para engañar, robar, matar y destruir.

La segunda gran diferencia con tener demonios externos es que ellos dicen estar en adentro. Quiero que conozca su táctica: Cuando están dentro, raramente buscan darse a conocer. Les encanta permanecer ocultos. En el momento en que usted es liberado, y ellos están en el exterior, le susurrarán mentiras y dirán que todavía están adentro. Esto puede crear confusión en la mente de una persona que fue liberada. Déjeme enfatizar que ellos ya no pueden controlarlo. Ellos son como los egipcios que persiguieron a Israel después de su liberación. Eran los mismos egipcios y los mismos israelitas, pero la dinámica ya no era la misma. Los israelitas eran libres y los egipcios ya no los controlaban. Intentaron intimidar y recapturar a Israel, pero fracasaron estrepitosamente. Utilizaron la misma táctica que utilizan los demonios. Los demonios en el exterior están condenados a fracasar si usted está decidido a seguir adelante con Dios y ejercer su autoridad.

La tercera diferencia entre los ataques internos y los externos es la respuesta correcta. Por ejemplo, si tiene demonios en su interior, necesita liberación. Si tiene demonios en el exterior, necesita ejercer dominio. Permítame decirlo de nuevo: los demonios en el interior necesitan ser eliminados, pero los demonios externos necesitan ser resistidos. Piense en Egipto y Canaán (la tierra prometida). Israel necesitaba ser liberado de Egipto, pero la tierra prometida necesitaba ser conquistada. Dios envió a Moisés para sacar a los israelitas de Egipto, pero a ellos les dio poder para sacar a los enemigos de su tierra prometida. En Egipto, eran esclavos; en la tierra prometida, eran soldados. ¡Esa es una gran diferencia! Para ataques demoniacos en el exterior, no necesita liberación; necesita practicar dominio. Usted no necesita que alguien los eche fuera por usted; usted necesita sacudírselos.

> *Someteos, pues, a Dios; resistid al diablo, y*
> *huirá de vosotros*
> (Santiago 4:7).

Cada persona que es liberada necesita aprender como caminar en su autoridad, resistiendo al enemigo, usando la Palabra de Dios y vistiendo toda la armadura de Dios. Anteriormente escribí un libro sobre este tema llamado *Contraataca*. En él usted puede aprender más acerca de cómo usar su autoridad y caminar en dominio a través de este libro.

Sacúdaselas

El problema con la víbora, como con cualquier serpiente, fue que se aferró a la mano de Pablo. Se adhirió y se apoderó de la mano de Pablo. La serpiente era persistente y determinada. Hay espíritus demoníacos que operan así: se agarran, se apoderan, se sujetan y se fijan en nosotros para nuestra destrucción. Esto también puede venir en forma de un ataque espiritual, pesadillas y ataques a nuestra mente. Todos los que están pasando por un ataque de víboras sabrán en su espíritu que lo que están experimentando no es normal. Es un ataque espiritual.

Por favor, comprenda que las serpientes deben ser tratadas de forma diferente a las tormentas. Sobrevivimos a las tormentas, pero debemos sacudirnos las serpientes. A las tormentas las soportamos; a las víboras las vencemos. Hay que enfrentarse a las víboras. Piense en cuando Israel atacó a sus enemigos cuando ocupaba la tierra prometida. Dios no los expulsó por ellos; Israel los expulsó con la ayuda de Dios. De hecho, Israel sólo obtuvo la tierra por la que estuvieron dispuestos a pelear, que no fue tanta como la que Dios les había prometido. Incluso Jesús en el desierto, cuando fue tentado por el diablo, se enfrentó a él. No oró a Dios para que silenciara al diablo; se sacudió esa serpiente citando las Escrituras, que es algo muy práctico que usted puede hacer: ¡hablarle al enemigo! Suena raro, pero es bíblico. Jesús hizo eso.

Cuando la serpiente lo ataca, usualmente sucede en su mente. No combata los pensamientos demoníacos con pensamientos piadosos; combata los pensamientos demoníacos con palabras habladas de la Biblia, en voz alta, así es como lo hizo Jesús. Es bueno memorizar versículos de la Biblia para usarlos durante el combate espiritual. La Palabra de Dios es la espada del Espíritu (Efesios 6:17). La espada a la que se hace referencia en Efesios habla de una pequeña daga para el combate cuerpo a cuerpo.

Significa que cuando el enemigo ataca desde afuera, cerca de usted, solamente apúñelo con la daga. Pido disculpas por la imagen violenta y gráfica, pero usted entiende el punto.

A veces tiene que hablarle al diablo directamente y decirle que se ponga detrás de usted, como hizo Jesús. Otras veces, hay que citar la Palabra para combatir sus mentiras. Simplemente orar para que Dios silencie al enemigo no es la manera de derrotar a las serpientes. Pablo se sacudió la serpiente; no esperó a que Dios interviniera. Tampoco oró para que Dios matara a la serpiente. Dios le dio esa autoridad a Pablo. Él le dio esa autoridad a usted también.

Por cierto, no planee morir si lo muerden. Enfréntese a la serpiente que lo ha mordido. Incluso si la serpiente se aferra a usted y no quiere irse, no se rinda. El diablo huirá si lo resiste (véase Santiago 4:7). Sea persistente y él se rendirá. Aunque haya vuelto a caer en el pecado del que fue liberado, arrepiéntase y vuelva a levantarse.

> *Porque siete veces cae el justo, y vuelve a levantarse;*
> *mas los impíos caerán en el mal*
> (Proverbios 24:16).

Los justos tropiezan y los liberados caen, pero se vuelven a levantar. Alguien dijo que la gente no se ahoga cayendo al agua, se ahoga porque permanece allí. Si cayó en el mismo pecado, arrepiéntase, renuncie a él, aléjese de ese lugar y resista al enemigo.

El Fuego Mata

Una de las razones por las que tratar de caminar en dominio no funciona es porque no vivimos en devoción a Dios. Cuando Dios creó a la humanidad, los colocó en el jardín. Los bendijo y les dijo que fructificaran, se multiplicaran y tuvieran dominio (Génesis 1:28). Las personas fueron creadas para vivir en la presencia de Dios y para caminar en dominio. Dios nunca nos creó para la liberación, sino para el dominio. Una vez que perdimos la presencia de Dios, perdimos el dominio. Quiero ser claro, el dominio no funciona sin devoción.

Caminar en autoridad no funcionará si no estamos bajo la autoridad del señorío de Jesucristo.

Le digo a la gente todo el tiempo, "no pueden sacudir su serpiente en mi fuego". Debe construir su propia llama donde pueda dejar caer a la serpiente. Así es como usted camina en dominio. Ahora la liberación es diferente; un hombre o una mujer de Dios que lleva el fuego de Dios puede traerle liberación, pero si usted quiere caminar en dominio, usted debe cultivar su propio fuego. Debe arrojar la serpiente a su fuego. Obviamente, puede acudir al pastor o al evangelista avivador para que oren por usted, pero si quiere ser efectivo matando víboras, debe tener su propia llama. Solamente usted puede sacudirse de la serpiente en su propio fuego.

Como mencioné a un principio, cuando tenemos fiebre, en realidad se trata del sistema de defensa natural del cuerpo contra las infecciones. La temperatura más alta ayuda a su cuerpo a combatir la infección más eficazmente. Cuando usted está bajo ataque espiritual, debe aumentar la temperatura espiritual para luchar contra el maligno. El enemigo no puede soportar el calor. Los demonios son atormentados por el fuego. Es por eso que usted necesita que su vida este encendida, para que cuando las serpientes ataquen, usted tenga un lugar donde arrojarlas. Aquellos que no tienen una vida de oración, no leen las Escrituras, y no ayunan, no dan, ni van a la iglesia, encuentran difícil caminar en autoridad.

Condenar a la Condenación

Una cosa más que quiero destacar de la historia de Pablo es que cuando fue atacado por la víbora, los que le rodeaban asumieron que era un castigo por sus pecados. Llegaron a la conclusión de que era un asesino. Por cierto, no estaban totalmente equivocados. Pablo tenía un pasado turbio: persiguió a los cristianos. Aunque no vemos ninguna mención de que él mismo matara a los creyentes, causó estragos en sus vidas. Creo que una de las armas más fuertes que tiene el enemigo es su voz que llega a nuestros pensamientos: la voz de la duda, el miedo y la condenación. De hecho, el diablo no atacó físicamente a Eva, simplemente le habló. Su voz era su arma. El enemigo no podía crear ningún vicio hasta que su voz no fuese expresada. Escuchar la voz del enemigo no lo hace a usted pecador, pero hacerle caso lo pone bajo su influencia. Tanto Eva como Jesús escucharon la voz del enemigo. Eva la siguió; Jesús la atacó. No haga caso a todas las voces que oiga o imagine. Las voces demoníacas deben ser condenadas.

La voz más fuerte del enemigo es la voz de la condenación. El diablo saca a relucir nuestro pasado para agregar volúmenes de condenación. Me di cuenta de que cuando el diablo saca a relucir nuestro pasado es porque se ha quedado sin material nuevo con el cual atacarnos. Alguien dijo, si el diablo saca a relucir su pasado, sea usted quien saque a relucir su futuro. Eso me gusta. Dios perdona nuestros pecados, pero la culpa asociada a nuestro pecado no nos abandona de inmediato. Si hubiera un incendio en su casa, generaría humo. Digamos que apaga el fuego. Ya no habrá fuego, pero el humo permanecerá por algún tiempo. No será hasta que abra las ventanas y las puertas que se desvanecerá lentamente. Para algunos de nosotros, eso describe nuestra batalla contra la culpa, la vergüenza y la condenación. Sabemos que Dios nos ha perdonado, pero escuchamos voces demoníacas que nos recuerdan nuestros errores, faltas y deficiencias. ¿Qué podemos hacer?

Podemos condenar a la condenación. Sí, debemos afrontarla porque en Cristo no hay condenación (Romanos 8:1). Eso significa que el humo tiene que desaparecer. Hay una poderosa promesa pronunciada por el profeta Isaías que probablemente haya oído o incluso citado.

Ninguna arma forjada contra ti prosperará, y condenarás toda lengua que se levante contra ti en juicio (Isaías 54:17).

Ninguna arma prosperará. Normalmente nos detenemos en eso. Pero luego dice que condenaremos toda lengua que se levante contra nosotros en juicio.

Cuando las voces de condenación se levanten contra usted, juzgándolo, puede condenarlas. Puede enfrentarse a ellas. Silencie esas voces. Creo que las armas del diablo son tan poderosas como su misma voz. Si él no puede infiltrar su voz en su cabeza, le será difícil hacer que sus vicios operen en su vida.

¿Cómo podemos condenar a la condenación? Bueno, el profeta Isaías continúa el versículo 17 así:

Esta es la herencia de los siervos de JEHOVÁ, y su salvación de Mí vendrá
(Isaías 54:17).

En primer lugar, somos hijos de Dios. Segundo, nuestra justicia proviene de Dios. Permítame enfatizar que nuestra justicia no proviene de nuestras obras sino de Dios. Así que, si el diablo viene a usted diciéndole que no es lo suficientemente bueno, que ha fallado, que su pasado es terrible, que usted está acabado, que nunca lo logrará, etc., sólo dígale: "Soy hijo de Dios; mi justicia no proviene de mi pasado sino que ha sido expiado por la sangre de Jesús". Jesús le dijo a la mujer sorprendida en el acto de adulterio:

Ni Yo te condeno; vete y no peques más

(Juan 8:11).

Él le dice lo mismo a todos los que vienen a Él con fe y arrepentimiento. Usted no puede *irse y no pecar más* si no cree la promesa de que, en Jesús, no hay condenación. Si está luchando con pecados repetidos, escúcheme, por favor; la meta del diablo es mantenerlo en condenación. El pecado no es su meta, sino la condenación. Su acto pecaminoso no dura mucho, pero la culpa puede durar mucho tiempo. Mientras usted se sumerja en la condenación y la culpa, él lo está venciendo. Jesús promete el perdón y la liberación de la culpa. Una vida sin condenación no significa que estemos libres de pecado; significa que pecamos menos. La condenación fortalece al pecado, pero la libertad de la condenación da poder a la santidad. Después de lavar mi auto, evito los charcos en la carretera para mantenerlo limpio. Si mi auto no está limpio, seré sincero, no evito ningún charco. ¡me encanta el chapoteo que producen las salpicaduras! El mismo principio se aplica a la santidad. Si nos sentimos condenados, nos comprometeremos; si estamos libres de condenación, somos libres de caminar en nuestras convicciones.

CAPÍTULO 13

El Llamado Encadenado

Los "Cinco Mártires del Alto Amazonas" fueron cinco estadounidenses asesinados por la tribu Huaorani en Ecuador en 1956. Jim Elliot, Nate Saint, Ed McCully, Peter Fleming y Roger Youderian eran misioneros cristianos que pertenecían a una organización llamada «Instituto Lingüístico de Verano" (SIL, por sus siglas en inglés) e intentaban establecer contacto con la tribu Huaorani, considerada una de las tribus más violentas y aisladas de la Amazonia.

Los misioneros llevaban tiempo intentando establecer un contacto pacífico con la tribu utilizando un avión para hacerles llegar regalos y mensajes. Sus esfuerzos no tuvieron éxito, y la hostilidad de la tribu hacia los forasteros era bien conocida en la zona. El 8 de enero de 1956, los cinco hombres partieron en avioneta para establecer contacto en tierra con los Huaorani. Aterrizaron en la playa con más regalos, pero repentina y brutalmente los mataron con lanzas.

La tragedia causó sensación en Estados Unidos y la historia de los mártires fue ampliamente difundida por los medios de comunicación. La muerte de los cinco hombres supuso un punto de inflexión en la historia de las misiones a la tribu, y su historia inspiró a muchos otros a continuar la labor que ellos iniciaron.

Las esposas de los cinco hombres se quedaron atrás y decidieron continuar la labor de sus maridos. Con el tiempo, lograron establecer relaciones pacíficas con la tribu Huaorani y compartir el Evangelio con ellos. La historia de estos cinco mártires se relató más tarde en el libro, *Portales de Esplendor (Through Gates of Splendor)*, de Elisabeth Elliot, que más tarde se convirtió en un éxito de ventas y también fue llevado al cine.[24]

Una de las citas de Jim Elliot, quien murió atravesado por una lanza, que ha inspirado mi fe es: "No es tonto quien da lo que no puede conservar para ganar lo que no puede perder".

En el último capítulo de este libro, abro un velo a una faceta del ministerio que rara vez vemos. Servir a Dios tiene sus ventajas, pero también tiene un precio. Cualquiera que tenga un gran llamado de Dios debe hacer un cambio de los beneficios del ministerio al costo. Para Jim Elliot, el ministerio no tenía que ver con los beneficios, sino con el precio que pagó con su vida.

Mientras que algunos ministros serán confiados por Dios con popularidad, prosperidad y una gran plataforma, debemos entender que todas esas cosas son pruebas y responsabilidades más que recompensas. El peligro está cuando miramos algunos de esos ejemplos y pensamos que así es como se supone que debe ser el ministerio. Sin embargo, el liderazgo cristiano se trata de servir, no de ser una celebridad. Jesús vino a servir, no a ser servido (Marcos 10:45). Jesús es el máximo ejemplo de ministerio, no un pastor que es un autor de los libros más vendidos y tiene un millón de seguidores en Instagram. Jesús lavó los pies de Sus discípulos y luego les pidió que hicieran lo mismo (véase Juan 13:3-17). El ministerio tiene que ver más con la toalla que con el título. Por cierto, el servicio no se trata de esclavitud. El servicio es voluntario; está motivado desde dentro por el amor de Dios. No es un mandato por insistencia, manipulación, presión, culpa o exigencia. Debemos eliminar todo concepto erróneo de lo que significa servir a Dios.

Aclaremos enseguida algunas cosas. Las carreras y los llamados son diferentes. Las carreras se deciden; los llamados se descubren. Las carreras son naturales; los llamamientos son sobrenaturales. Las carreras pueden cambiar; los llamamientos no cambian. Cada cristiano tiene un llamado específico. Tenemos nuestro llamado general, en el cual debemos enfocarnos, y a medida que cumplimos con nuestro llamado general, nuestro llamado específico se hará más evidente. Todos estamos llamados a seguir a Jesús, dejar el mundo y pescar almas. A medida que lo hagamos, nuestro llamado específico se hará evidente con el tiempo.

Pero una cosa es cierta: a todos los que caminan dignamente de acuerdo a su llamado, les causará dolor. No, no quiero asustar a nadie para que deje de hacer el ministerio, pero quiero que cuenten el costo. Dos fuentes principales del dolor que conlleva el ministerio son la responsabilidad y las relaciones. La responsabilidad se refiere a la presión que proviene de la posición que una persona tiene. El dolor relacional proviene de la gente. La presión y la gente. Hay un gran libro sobre este tema llamado *El Dolor del Liderazgo (Leadership Pain)*, por el Dr. Sam Chand. He aquí una de sus citas que lo resume bien:

> *Los mejores líderes tuvieron que soportar más dolor.*
> *Muchas personas nunca podrían tener más influencia*
> *porque no tienen un umbral de dolor de liderazgo*

lo suficientemente grande. Si no estás sufriendo, no estás liderando. La resistencia a afrontar el dolor es tu mayor limitación. No hay crecimiento sin cambio, ni cambio sin pérdida, ni pérdida sin dolor.[25]

La Víbora Atacó a lo Que Dios Planeaba Usar

Pablo estaba en la isla, habiendo sobrevivido a la tormenta y al naufragio. Se sacudió la serpiente y la arrojó al fuego. Pasó tres meses en esa isla. Mientras estuvo allí, Dios lo usó para traer avivamiento. Un ciudadano importante de Malta, Publio, el principal responsable de la isla, como nuestro alcalde, tenía un padre enfermo de fiebre.

> *Y entró Pablo a verle, y después de haber orado, le impuso las manos, y le sanó*
>
> (Hechos 28:8).

Después de que el padre de Publio fue curado, bueno, todos querían participar en la acción.

> *Hecho esto, también los otros que en la isla tenían enfermedades, venían, y eran sanados*
>
> (Hechos 28:9).

Quiero que note que cuando Pablo impuso las manos sobre el padre de Publio, Dios lo sanó. ¿Qué importancia tiene eso? Fue la misma mano que la víbora atacó. La víbora atacó a lo que Dios quería usar. Dios quería que las manos de Pablo sanaran a los enfermos; la víbora quería que esa mano se infectara y se volviera inútil. Me pregunto cuántas veces ocurre eso en nuestra propia vida. El diablo ataca las áreas que Dios quiere usar. Cuando era adolescente, y luchaba contra la adicción a la pornografía, me sentía tan terrible y culpable que incluso dudaba de mi propia salvación. Me preguntaba si Dios usaría alguna vez a un chico desordenado como yo. Mirando en retrospectiva, después de haber sido liberado, veo que el enemigo seguía atacándome tratando de persuadirme con la pornografía. El diablo no se daba por vencido, no porque yo fuera la peor persona o un blanco fácil, sino que tal vez el diablo sabía que Dios tenía un plan para mi vida y quería detenerme. A veces pienso que el diablo comprende mejor que nosotros los planes de Dios para con nosotros. En nuestras primeras etapas de la vida, cuando somos jóvenes, inmaduros e inestables, el adversario lanza sus mejores tiros para eliminarnos.

Si ahora mismo usted está siendo atacado, ármese de valor. No se rinda. Manténgase firme. Sacúdase esas mentiras y pensamientos demoníacos. Rompa esas fortalezas. Tome el escudo de la fe para defenderte de los dardos de fuego del diablo (véase Efesios 6:16). La historia que realmente me animó en mi tiempo de ataque fue la de David lidiando con el león cuando atacó a sus ovejas. David luchó en privado contra un león y un oso que intentaron robarle sus ovejas (1 Samuel 17:34-36). En lugar de conformarse con la derrota, fue tras ellos. Mató a esos depredadores y rescató a las ovejas.

El Señor utilizó ese ejemplo para edificar mi fe, enseñándome que los leones atacan en privado (para mí, esos leones vinieron en forma de pornografía). El Señor me enseñó a luchar contra ellos en privado, y al hacerlo, me preparó para luchar contra los Goliats públicamente a través del ministerio de liberación. Todo matagigantes se prepara en el desierto enfrentando leones. Tenga valor porque los ataques del diablo pueden ser una señal de que Dios tiene planes para usted. La mano que mordió la serpiente fue la mano que Dios usó. Pero esto no significa que, si usted no es fuertemente atacado, Dios no lo va a usar.

Las Cadenas No Anulan el Llamado

Tengamos en cuenta que mientras estuvo en la isla de Malta, Pablo seguía prisionero. Su caso no fue desestimado. Su expediente no fue borrado. Todavía estaba bajo la custodia del centurión romano, de camino a Roma en espera de juicio. Sin embargo, eso no impidió que Pablo ministrara a otros. Podría haber puesto una excusa: ¿Cómo puedo servir a los demás si estoy encadenado? Pero no perdió el tiempo; comenzó un avivamiento mientras seguía prisionero.

Hay una afirmación que quizás haya oído: "No puedes dar lo que no tienes". Por lo general significa que, si a usted no le está yendo muy bien personalmente, debe abstenerse de ministrar a otros. Aunque hay algo de verdad en eso, quiero presentar otro lado del ministerio que involucra ministrar por el Espíritu de Dios más que por su propio bienestar o entendimiento. Pablo no dejó que sus cadenas lo intimidaran. Y seguramente no limitaron al Espíritu Santo.

Permítame recordarle también que la primera mención de sanidad en la Biblia fue cuando Abraham oró por las mujeres estériles (Génesis 20:17). Tenga en mente, que, al mismo tiempo, la esposa de Abraham permaneció estéril. Abraham no ministró sanidad a partir de lo que había experimentado. Fue pura obediencia al mandato de Dios. Sorprendentemente, Dios sanó a las mujeres por las que Abraham oró, pero su propia esposa seguía siendo estéril, pero no por mucho tiempo. A veces es más fácil ministrar sanidad que recibirla. Abraham no permitió que la esterilidad de su esposa le impidiera orar por la sanidad de las mujeres estériles.

Permítame recordarle a Job, que oró por sus amigos mientras aún estaba enfermo (Job 42:10). Fue después de esa oración que el Señor comenzó a restaurar a Job. Una vez más, él ministró mientras estaba en la miseria. Sirvió a los demás mientras sufría. No permitió que su dolor le impidiera cumplir el propósito de Dios.

Y hubo una vez una muchacha esclava que fue capturada por el ejército sirio y sirvió a la esposa del comandante. Ella habló del poder sanador de Dios a su ama, cuyo marido era leproso. La mayoría de la gente habría dudado en contarle a alguien sobre el poder de Dios cuando Dios no los había protegido de los invasores. Sin embargo, la joven testificó con valentía y su valentía condujo a la sanación de su amo. Como resultado, Naamán fue sanado y adoró a Dios (véase 2 Reyes 5:1-19).

Aquí hay otro ejemplo: José interpretaba los sueños de los presos mientras estaba en la cárcel (véase Génesis 40-41). Además de todo eso, los propios sueños que José había tenido de Dios aún no se habían cumplido. En lugar de decirle a los demás: "Ya no creo en los sueños porque Dios parece haberme defraudado", se posicionó para recibir la interpretación divina de Dios en nombre de los demás mientras sus propios sueños, aparentemente, estaban en pausa. De hecho, esta es la primera vez que vemos el don de la interpretación de sueños operando en la vida de José. Mientras estaba en la cárcel ayudando a otros, sus propios sueños parecían muertos. Es curioso cómo obra Dios: nosotros mismos queremos que los dones fluyan cuando todo es maravilloso, pero Dios elige desarrollar Su llamado en los lugares, momentos y circunstancias más improbables. Si Dios no se siente amenazado por nuestras situaciones, nosotros tampoco deberíamos sentirnos amenazados.

Jesús es mi último ejemplo. En el huerto de Getsemaní, sanó la oreja del siervo del sumo sacerdote que Pedro le había cortado (Lucas 22:51). Imagínese ese milagro, ¡mientras estaba siendo arrestado! Pudo simplemente haber puesto un letrero en la puerta que dijera: "El ministerio de sanidad ya no está disponible". Además, el tipo al que le cortaron la oreja probablemente se lo merecía. Venía a arrestar a Jesús. Ni siquiera lo vemos pedir la curación. Sin embargo, Jesús no dejó de sanar a otros cuando Él mismo estaba herido. Mientras colgaba de la cruz, cargando con el pecado de todo el mundo, el hombre que estaba a su lado decidió salvarse (véase Lucas 23:33-43). Imagínese, este pecador esperó hasta el final para estar bien con Dios. Jesús no le respondió: "Oye tú, este no es un buen momento; estoy algo ocupado muriendo por los pecados del mundo; lo siento hombre". No pasó así; Jesús lo salvó en ese mismo instante, mientras colgaba en la cruz.

Nuestro Señor Jesús no dejó de ministrar a los demás, ni siquiera mientras agonizaba de dolor. Mientras colgaba de la cruz, cuidó de su madre pidiéndole a Su discípulo Juan que la acogiera y la mantuviera (Juan 19:26-27). Deberíamos dejar de usar nuestro dolor como excusa. Sí, necesitamos tiempo para escuchar y sanar, pero dejar de servir a los demás para centrarnos en nuestro dolor personal puede que no sea la mejor manera de recuperarnos. Alguien dijo una vez: "la vida es como el tenis; los que sirven bien rara vez pierden". Usted también puede servir a otros para salir de su lucha.

Usted No Necesita una Plataforma, Necesita un Problema

En la isla de Malta, Pablo no tenía una cámara de vídeo para transmitir, un micrófono para predicar o un podio para la Torá. No había un edificio para la iglesia, ni un título otorgado a Pablo, ni un cargo que ocupar, y tampoco había una plataforma para él. Pero el poder de Dios no estaba restringido por la falta de una plataforma. Fluyó maravillosamente a través de un vaso rendido. Pablo tenía su voz y sus manos; y había gente enferma. Si usted ha sido llamado y ungido, no necesita un título, necesita una toalla. No necesita un micrófono para ministrar a la gente; tome su toalla y vaya a servir a alguien. Y no necesita un reflector porque usted es la luz. Encuentre un lugar oscuro para brillar.

Tenemos que buscar un problema que resolver, no una plataforma en la que brillar. El poder de Dios obra para sanar a los enfermos, limpiar a los leprosos, resucitar a los muertos y expulsar a los demonios. Eso significa que veremos enfermedades, lepra, muertos y demonios. Necesitamos problemas que resolver; a menos, por supuesto, que no seamos llamados o ungidos. Puede que simplemente seamos ambiciosos debido a un espíritu de orfandad que busca usar el ministerio para arreglar inseguridades personales o problemas paternales. Si buscamos que el ministerio nos valide, ese será nuestro fin. El llamado de Dios es servir a otros, no servirnos a nosotros mismos. No estamos en esto por nosotros, sino por Dios y por los demás. Escucho a muchas personas quejarse de que sus pastores no les dieron un lugar para predicar, cantar o practicar sus dones. Ese es un enfoque equivocado.

Nadie le impide ir a la cárcel, a un refugio para personas sin hogar, debajo del puente, al parque o al centro comercial para servir. Además, en el mundo del Internet, nadie le impide mostrarse en directo en Instagram y orar por la gente. La iglesia no está aquí para construir una plataforma. Le debe a Dios y al mundo utilizar cada parte de la unción que tiene que servir a las personas que sufren y arrebatarlos del camino al infierno.

Esto me recuerda a Esteban en la iglesia primitiva. Fue nombrado diácono y ayudaba a distribuir alimentos a las viudas. Esteban tenía un gran currículum; estaba lleno de fe, del Espíritu Santo, de poder y hacía grandes señales y prodigios entre el pueblo (véase Hechos 6:5, 8). ¡Este hermano sabía predicar! El sermón más largo del libro de los Hechos es el de Esteban. Curiosamente, en la iglesia lo nombraron diácono (coordinador de la distribución de comida), no pastor predicador. Parecía que su potencial era mayor que su posición. Su unción era mayor que su responsabilidad en la iglesia. Sin embargo, eso no detuvo a

Esteban de hacer señales y prodigios en las calles, predicando con todo su corazón, fuera de las cuatro paredes de la iglesia. El propósito no necesita una plataforma; necesita gente que tenga problemas. La unción de Dios no necesita un título o posición. El poder de Dios es como el agua; no necesita una puerta abierta. El agua puede fluir en una habitación a través de una grieta.

Servir NO es un Escalón

Pablo tuvo un avivamiento en la isla de Malta, pero eso no mejoró su condición. Sí, *"También nos honraron con muchas atenciones; y cuando zarpamos, nos cargaron de las cosas necesarias"* (Hechos 28:10). Recibieron honores y provisiones de los nativos, pero Pablo seguía siendo un prisionero. Algo que quiero abordar con respecto a servir a Dios es esta noción de que, *si soy fiel, seré promovido del lugar donde estoy sirviendo a un lugar más alto*. Es cierto que algunas personas experimentan eso. Algunos pastores de jóvenes se convierten en pastores principales. Algunos líderes se convierten en pastores. La Biblia incluso dice que Dios nos recompensará por nuestra fidelidad, pero esa promesa se refiere a recompensas en el cielo. Si estamos sirviendo con nuestros ojos puestos en una promoción, eso significa que estamos tratando nuestro llamado como una carrera profesional. El ministerio cristiano no es una escalera corporativa que subimos.

Servir en la iglesia como un trampolín hacia una posición más elevada revela nuestros motivos: en realidad no estamos sirviendo a las personas; las estamos utilizando como una oportunidad para escalar más alto. Podemos utilizar a las personas para construirnos una plataforma. La Biblia compara a los cristianos con los miembros del cuerpo humano (véase 1 Corintios 12:12-27). No promovemos al corazón para que esté en lo alto de la cabeza debido a su fidelidad al bombear sangre. La eficacia de un órgano no garantiza automáticamente que vaya a ascender en la escala hacia una mayor visibilidad. Esos órganos cumplen su función sin ser visibles o siquiera reconocidos, lo cual puede ser un pensamiento aterrador.

Las partes de mi cuerpo que no son visibles siguen siendo valiosas. El valor no lo determina la visibilidad. Un creyente que trabaja con los niños en una iglesia es tan valioso como el pastor que predica en el púlpito. Usar su lugar actual de ministerio como una oportunidad para construir un currículum para que finalmente pueda ascender puede ser un gran paso en su carrera, pero ese concepto no se encuentra en la Biblia. De nuevo, el ministerio no es una carrera profesional, es un llamado. No todos los principios del mundo empresarial se aplican en el reino. La Biblia nos describe como un cuerpo, no como un negocio.

No estoy diciendo que Dios no nos desarrolle detrás de la escena y luego nos lleve al lugar donde somos más adecuados para Su propósito. David era pastor, pero luego se convirtió en líder militar y gobernante de la nación. Fue un músico en el palacio y luego se convirtió en rey en el palacio. Hubo un proceso. Dios tiene un proceso para desarrollar a Sus ministros hasta convertirlos en lo que Él los llamó a ser. El problema surge cuando nuestro motivo y enfoque ya no está en Dios y Su pueblo, sino en nuestro propio destino deseado. Nos obsesionamos tanto con llegar al destino que perdemos la verdadera razón por la cual estamos en el ministerio: para servir.

En este libro, hemos explorado el viaje de Pablo en términos de la tormenta, el naufragio y la mordedura de serpiente; pero también hemos aprendido herramientas prácticas para superar la persecución, las dificultades y los ataques demoníacos. Quiero que sepa que no está solo en lo que está atravesando. Se va a levantar. Por fe, lo logrará. Por fe, todos los testigos en el cielo lo lograron. El cielo lo está animando. Estoy orando por usted ahora, pero lo más importante es que Jesús vive para interceder siempre por usted.

Por tanto, teniendo un gran Sumo Sacerdote que traspasó los cielos, Jesús el Hijo de Dios, retengamos nuestra profesión. Porque no tenemos un Sumo Sacerdote que no pueda compadecerse de nuestras debilidades, sino uno que fue tentado en todo según nuestra semejanza, pero sin pecado. Acerquémonos, pues, confiadamente al trono de la gracia, para alcanzar misericordia y hallar gracia para el oportuno socorro

(Hebreos 4:14-16).

Que salga victorioso en cada batalla. Que prospere. Que la enfermedad esté lejos de usted. Que su fuego arda siempre. Que el fruto del Espíritu Santo en su vida sea visible y alimente a las personas que le rodean. Que sea fortalecido en la fe, iluminado con una revelación más profunda de Dios, y glorifique Su nombre en la tierra. En el nombre de Jesús. ¡Amén!

El Cielo: Hogar Futuro - Esperanza Presente

Una vez leí una historia sobre una pareja de misioneros; el Sr. Henry Morrison y su esposa, que sirvieron durante décadas en África. Tras su labor misionera, regresaron a Nueva York para jubilarse. Como muchos misioneros, no tenían un fondo de jubilación esperándoles, y su salud empeoraba. Estaban cansados, enfermos y desanimados.

Sucedió que iban en el mismo barco que el presidente Theodore Roosevelt, que regresaba a casa de su viaje de caza por África. Por supuesto, todo el mundo estaba pendiente del presidente; nadie prestó atención ni se preocupó por esta pareja de ancianos misioneros. La esposa del misionero refunfuñaba diciendo que no era justo que ellos hubieran dado toda su vida al servicio de Dios, y sin embargo nadie se preocupara por ellos, mientras que el presidente iba en un viaje divertido, y había mucha fanfarria sobre él.

Cuando el barco atracó en la ciudad de Nueva York, allí estaban los medios de comunicación, el alcalde, dignatarios y una banda para dar la bienvenida al presidente. Sin embargo, no había nadie para la pareja de misioneros. Encontraron un lugar sencillo donde descansar, y al día siguiente la esposa se lamentó ante el Señor de que nadie los tratara como al presidente. Le dijo al Señor lo amargada que se sentía al ver que el presidente recibía aquel tipo de cálido recibimiento de regreso a casa cuando nadie los había recibido en el muelle. Cuando terminó de quejarse, pareció como si el Señor le pusiera la mano en el hombro y simplemente le dijera: "PERO TODAVÍA NO HAS LLEGADO A CASA".

Regocíjese a Causa del Cielo

Jesús nos dijo que no sólo soportáramos la persecución, sino que nos alegráramos en medio de ella.

> *Gozaos y alegraos, porque vuestro galardón es grande en los cielos; porque así persiguieron a los profetas que fueron antes de vosotros*
>
> (Matthew 5:12).

El motivo de ese gozo es una recompensa en el cielo. No nos regocijamos porque nos guste el dolor y el sufrimiento. Tampoco disfrutamos de la persecución por causa de la persecución; soportamos la persecución por causa del cielo. Cuando pensamos hacia dónde vamos, nuestros corazones se llenan de esperanza y alegría. Recuerdo cuando de niño viviendo en Ucrania, nos preparábamos para emigrar a Estados Unidos. Mi alegría aumentaba, no porque la vida en Ucrania se hiciera más fácil, sino por la esperanza de saber hacia dónde me dirigía. Hay algo en el lugar al que te diriges que aumenta tu alegría:

Aguardando la esperanza bienaventurada y la manifestación gloriosa de nuestro gran Dios y Salvador Jesucristo

(Tito 2:13).

El cielo se llama nuestra esperanza bendita.

Centrarse demasiado en lo que estamos pasando puede producir una mentalidad de víctima. Empezaremos a lamer nuestras heridas con autocompasión, sintiendo lástima de nosotros mismos, quejándonos de que la vida no es justa, y de que Dios no nos está ayudando. Déjeme decirle que el camino al cielo está lleno de rosas que tienen espinas. El camino a la tierra prometida donde fluye leche y miel está pavimentado con persecución; el aterrador Mar Rojo, y las serpientes ardientes. Pero no debe perder de vista la tierra prometida. No deje que lo que está sufriendo le robe su atención porque podría secuestrar su alegría. *"Gozaos y alegraos, porque vuestro galardón es grande en los cielos"* requiere que uno levante los ojos de su miseria presente y los fije en el cielo. Jesús nos dice que no nos turbemos, sino que creamos en Él, y luego empieza a hablar del cielo.

En la casa de Mi Padre muchas moradas hay; si así no fuera, Yo os lo hubiera dicho; voy, pues, a preparar lugar para vosotros. Y si Me fuere y os preparare lugar, vendré otra vez, y os tomaré a Mí mismo, para que donde Yo estoy, vosotros también estéis. Y sabéis a dónde voy, y sabéis el camino

(Juan 14:2-4).

Incluso cuando sus discípulos se alegraron de ver salir a los demonios, Jesús redirigió Su atención hacia otro gozo:

Sino regocijaos de que vuestros nombres están escritos en los cielos

(Lucas 10:20)

Mentalidad Celestial

Seamos sinceros, la mayoría de nosotros no pensamos en el cielo hasta que alguien muere o cuando la vida se pone muy difícil. Las dificultades nos hacen darnos cuenta de que la vida es tan rápida como un soplo (Job 7:7); tan temporal como la hierba (1 Pedro 1:24); tan duradera como una flor (Job 14:2); tan pasajera como una sombra (Eclesiastés 6:12); se desvanece como un vapor (Santiago 4:14). La muerte es como agua derramada (2 Samuel 14:14), y ganar esta vida es perderla (Mateo 10:39). Debemos acabar con el mito de que "hay gente que tiene una mentalidad tan celestial que no sirve para lo terrenal". Todavía no he conocido a una persona que tenga una mentalidad tan celestial que no sirva para nada terrenalmente. Usualmente es lo opuesto; la gente es tan terrenal que no es buena para el cielo. Dios nos ordena tener una mentalidad celestial (Colosenses 3:2). No tratamos de escapar de la tierra pensando en el cielo, sino que la esperanza del cielo inspira nuestro gozo cuando atravesamos el infierno en la tierra.

C.S. Lewis dijo:

Si leen historia, encontrarán que los cristianos que más hicieron por este mundo fueron justamente aquellos que más pensaban en el mundo que viene. Los cristianos han dejado mayormente de pensaren en el otro mundo que se han hecho tan insuficientes en éste.[26]

Este Mundo No es Nuestro Hogar

Este mundo no es mi hogar, sólo estoy aquí de paso. Esta vida en la tierra es como un hotel; no es nuestro hogar. Viajo mucho, y cuando lo hago, me alojo en hoteles. A veces me alojo en hoteles bonitos, y a veces no lo son tanto. ¡Cuando viajo, llevo sólo lo necesario para el viaje! No llevo toda mi ropa, muebles y libros al hotel porque no voy a quedarme mucho tiempo. No me llevo un contenedor a todos los sitios a los que viajo para ministrar. Cada vez que me alojo en un hotel, hay un registro de salida para cuando tenga que partir. La vida en la tierra es como vivir en un hotel; no es nuestro hogar. Cuando muera, quiero que la gente diga: "se fue a casa", no: "dejó la casa". Para ello, hoy debo vivir con el cielo en mente.

Si Ha Perdido a un Ser Querido

Crecí en una calle donde dos de mis vecinos eran mis mejores amigos: Vitaliy y Vadim. Íbamos a la misma iglesia, teníamos la misma edad y nuestras casas estaban una al lado de la otra. Tomábamos el autobús para ir a la escuela, pero un día, un amigo de la familia se ofreció a llevarnos en su auto. Eso significó que no tuvimos que caminar, esperar al autobús y tardar cuarenta minutos. Podíamos estar en la escuela en diez minutos. Cuando subimos al auto, resultó que tenía una llanta pinchada, así que nos pidió que esperáramos hasta que la arreglara. Ya estábamos vestidos para la escuela, con las mochilas a la espalda, y buscábamos algo que hacer para pasar el rato.

Mi amigo Vadim tenía un columpio en la entrada de su casa, así que decidimos divertirnos en él para pasar el rato. El columpio que tenía no se parecía a nada que hubiera visto en otro sitio. Era un columpio de metal muy resistente que había soldado su padre. Estaba montado en un camino de asfalto. Ese columpio tenía dos bancos con respaldo bajo y cabían cuatro personas. No era el columpio normal que se ve en el parque. Aunque el columpio era divertido, no se construyó pensando en la seguridad, porque el espacio entre la viga metálica – que estaba en el suelo del columpio – y el asfalto era de unos quince a veinte centímetros. Casi no había espacio entre el columpio y el suelo.

Obviamente, no era recomendable columpiarse alto, pero los niños rara vez prestan atención a las normas de seguridad. Lo que nos importaba era la diversión. De pie en el banco del columpio, tirábamos del poste de soporte fijado al suelo para hacer que el columpio fuera muy rápido. Ya lo habíamos hecho muchas veces antes. Nos la pasábamos en grande balanceándonos de un lado a otro y ganando velocidad. Mi amigo y yo nos subimos a los asientos para darle más empuje mientras nuestro otro amigo estaba sentado en el otro banco. Al momento siguiente, conseguimos que se balanceara hacia delante y hacia atrás, peligrosamente alto. Si no nos agarrábamos de los rieles, podíamos caernos. Dos de nosotros estábamos de pie y otro sentado. Yo estaba de pie y mi amigo, en cuya casa nos columpiábamos, estaba sentado. Decidimos cambiarnos para que yo me sentara y él se quedara de pie. Mientras cambiábamos de sitio, el columpio estaba en pleno movimiento. Yo aterricé en el asiento y me agarré rápidamente a él para no caerme en el aire, pero cuando mi amigo intentó agarrarse a la viga metálica de soporte, su mano se resbaló. Cayó de cabeza sobre el cemento, con el pesado columpio cayendo a toda velocidad sobre él. El peso del columpio, más la velocidad y el peso de dos niños llenos de energía, siendo yo uno de ellos, le golpeó el cráneo justo delante de nuestros ojos. Vi con horror cómo el peso de la barra metálica del columpio le destrozaba la cabeza.

Murió en el acto a las once de la mañana del 11 de abril de 1995, tres días antes de Semana Santa. Vadim sólo tenía nueve años.

Ver morir a mi mejor amigo delante de mis ojos de una forma tan horrible fue la experiencia más traumática que he vivido en mi vida. No había nadie en mi vida que me ayudara a procesar esa experiencia. La escuela no me brindó asesoramiento y mis padres estaban tan ocupados procesándolo ellos mismos que ni siquiera me preguntaron cómo lo estaba procesando. Mi yo de nueve años se vio arrojado a un abismo de preguntas y sentimientos encontrados. Se agitaban en mi interior. *¿Por qué se llevó Dios a mi mejor amigo? Podría haber sido yo.*

¿Por qué quedé yo en esta tierra *mientras* él *se iba al cielo? ¿Cómo borrar de mi mente la imagen de su cabeza siendo rasurada por la pesada viga metálica?* La culpa, el miedo, la duda y el dolor se apoderaron de mí.

Quedé sin palabras, estupefacto. La culpa me abrumaba porque Vadim y yo estábamos intercambiando de lugar en el columpio. Pude haber sido yo quien hubiera muerto ese día. ¿Por qué permitió Dios ese trágico accidente? Aquel día perdí a un amigo íntimo, pero sus padres perdieron a su hijo mayor.

La pérdida de vidas es trágica y extremadamente dolorosa. Perder a un ser querido nos afecta profundamente. En el Evangelio de Lucas, Simeón dijo a María en relación a Jesús: *"Y una espada traspasará tu misma alma"* (véase Lucas 2:35). Cuando perdemos a alguien, es como si un puñal nos atravesara el alma. El dolor es indescriptible. Es distinto cuando las personas envejecen y mueren de vejez; pero Jesús iba a morir a la temprana edad de treinta y tres años, y María iba a enterrar a su hijo.

La Sombra de la Muerte

El Salmo 23 ha sido fuente de consuelo para muchas personas que atraviesan el valle de la pérdida. *El Señor es mi pastor, me hace descansar en lugares de delicados pastos, me pastorea y me restaura.* En los tres primeros versículos del salmo, David se refiere a Dios como *"Él"*. Pero todo cambia en el versículo cuatro. David pasa de hablar de Dios a dirigirse directamente a Él. ¿Qué cambió eso? ¡Un valle!

Aunque ande en valle de sombra de muerte, no temeré mal alguno, porque Tú estarás conmigo; Tu vara y Tu cayado me infundirán aliento

(Salmo 23:4).

El Señor es mi Pastor, me guía por verdes praderas y junto a aguas tranquilas, pero no me impidió entrar en un valle. A veces pensamos que, si Dios es realmente nuestro Pastor, el Líder de nuestra vida, evitaremos valles de pérdida y muerte. Pero no parece ser así. En lugar de saltarnos los valles porque Dios está con nosotros, Él no nos abandona en medio de ellos. *"No temeré mal alguno, porque Tú estarás conmigo"* es una comunicación directa con el Señor. El miedo no tiene lugar mientras seamos conscientes de la presencia del Señor. Su presencia trae paz y consuelo; vence al miedo y a la preocupación.

Aunque ande en el valle de sombra de muerte. Este valle es cuando caminamos a través de la pérdida, y a veces, a través de la muerte. David no dijo, aunque ande en el valle de la muerte, sino en el valle de sombra de muerte. La muerte proyecta su sombra en este valle. Una vez escuché una historia que hizo que este versículo cobrara vida. Un pastor perdió a su esposa a causa del cáncer y se dirigía a su funeral con sus hijos pequeños. Mientras viajaban en el auto, sus hijos le preguntaron por qué Dios les había quitado a mamá. Como esposo, él luchaba con la misma pregunta; pero en ese momento, necesitaba ayudar a sus hijos a procesar su pérdida.

Al llegar a un semáforo, un gran camión se detuvo junto a ellos. Proyectó una sombra sobre su vehículo, bloqueando así al sol temporalmente. Cuando el semáforo se puso en verde, dejó que el camión se les adelantara. Dondequiera que pasaba el camión, había una sombra oscura. El padre se volvió hacia sus hijos y les preguntó: "Si alguien es atropellado por la sombra del camión, ¿saldrá herido?". Los niños respondieron: "No, una sombra no hace daño; sólo bloquea temporalmente al sol para que no brille directamente sobre una persona". El padre respondió: "Eso es correcto". Luego procedió a hacer otra pregunta: "Si un camión atropella a una persona, ¿le hará daño?". "Claro que sí", respondieron los niños.

El pastor les dijo a sus hijos que la sombra de un camión monstruo llamado muerte pasó sobre su madre. Era sólo una sombra de muerte. La muerte real pasó sobre Jesús. Él experimentó el choque frontal con el camión de la muerte. Él murió nuestra muerte y luego derrotó esa muerte levantándose de la tumba.

A pesar de que su respuesta no respondió por qué murió su madre, les dio la esperanza de que la muerte física es sólo una sombra. Mientras bloquea temporalmente el sol y nos hace sentir desesperanzados, sentimos como si no pudiéramos ver a Dios o Su obra. Pero, como aquellos cuyo Pastor es Jesús, caminamos a través de ese valle de sombra de muerte – no vivimos allí. Nos animamos al pensar que la muerte es sólo una sombra; la muerte física es sólo un cambio de domicilio, pero la muerte real es la separación de Dios. Si seguimos caminando con el Señor y confiando en el consuelo de Su Espíritu, el sol volverá a brillar.

Después de los cuatro versículos sobre la sombra de muerte vienen los versículos cinco y seis. En los primeros cuatro versículos, el Señor es nuestro Pastor, pero en el versículo cinco, Él es nuestro Anfitrión. Como nuestro Anfitrión, Él prepara una mesa para nosotros y unge nuestra cabeza con aceite. Si seguimos caminando con Él, incluso a través de valles de sombra, Él nos sacará de debajo de esas sombras y nos llevará a Su mesa. Él ungirá nuestra cabeza con el aceite de la alegría. Llenará nuestra copa hasta rebosar. Si nos encontramos en el valle, no debemos vivir allí, sino caminar a través de él. Nunca estamos solos; nuestro Pastor está con nosotros. Él no sólo nos sacará del valle, sino que se revelará como nuestro Anfitrión y nos llevará a un nuevo tiempo de gracia y misericordia.

Afrontar la Pérdida

¿Cómo se camina por el valle de la sombra de la muerte? David fue quien escribió el salmo sobre el Buen Pastor. David, un varón conforme al corazón de Dios, no era ajeno a la pérdida. Veamos un relato de David caminando a través de la pérdida que encierra claves sencillas pero profundas para nosotros hoy.

Después de su aventura con Betsabé, Dios pronunció juicios sobre David, y uno de ellos fue que el hijo que le había nacido moriría. Cuando el recién nacido enfermó, David hizo lo que haría cualquier padre. Ayunó, oró, suplicó a Dios, se tumbó en el suelo y se negó a ser consolado. Aguantó hasta el final, con la esperanza de que el resultado fuera distinto del profetizado. Pero el resultado siguió siendo el mismo: la pérdida del niño. Cuando se enteró de la trágica noticia de esa pérdida, hizo algo inusual.

> *Entonces David se levantó de la tierra, y se lavó y se ungió, y cambió sus ropas, y entró a la casa de Jehová, y adoró. Después vino a su casa, y pidió, y le pusieron pan, y comió*
>
> (2 Samuel 12:20).

David, el gran rey y salmista de Israel, caminó por el valle de sombra de muerte.

Se levantó de la tierra, como nos dicen las Escrituras, para que *"habiendo acabado todo, estar firmes"* (Efesios 6:13). Tenemos que permanecer firmes en lo que sabemos, no en lo que sentimos. Tenemos que permanecer firmes después de haber acabado todo lo que sabemos hacer. El resultado está en manos de Dios.

Se lavó. Tenemos que usar el agua de la Palabra para limpiar nuestra alma. *"Ya vosotros estáis limpios por la palabra que os He hablado"* (Juan 15:3). La decepción es como la suciedad. Puede pegarse a nuestra alma y hacernos dudar de Dios en el futuro. *"Para santificarla, habiéndola purificado en el lavamiento del agua por la palabra"* (Efesios 5:26).

Se ungió a sí mismo. Después de lavarse, se puso aceite. Como cristianos, en los momentos de pérdida, confiamos en el consuelo del Espíritu Santo. Podemos edificarnos orando en el Espíritu Santo. *"Pero vosotros, amados, edificándoos sobre vuestra santísima fe, orando en el Espíritu Santo"* (Judas 20). La presencia del Espíritu Santo traerá sanidad al corazón quebrantado.

Cambió sus ropas. La ropa representa nuestra actitud mental. Podemos caer en una mentalidad de víctima: pobrecito de mí, ¿por qué siempre me pasan cosas malas? Estos pensamientos pueden echar raíces en nuestro corazón durante tiempos de pérdida. Cuando enfrentemos un día malo, debemos vestirnos con la armadura de Dios para que seamos capaces de hacer frente a las artimañas del diablo. *"Por tanto, tomad toda la armadura de Dios, para que podáis resistir en el día malo, y habiendo acabado todo, estar firmes"* (Efesios 6:13). La actitud de Dios nos ayuda a resistir en el día malo para que podamos estar firmes. El capítulo sobre la armadura de Dios no nos dice cómo luchar, sino cómo mantenernos firmes. La clave para permanecer firmes en los días difíciles es nuestra armadura espiritual.

Entró a la casa de Jehová. Esa pérdida podría haberlo alejado de la casa de Dios, pero David eligió ir a la casa de Dios después de la muerte de su hijo. Deberíamos desarrollar el hábito de ir a la iglesia cuando los tiempos son buenos y más aún cuando los tiempos son difíciles. Tenga en cuenta que cuando Pedro y Juan fueron amenazados por los líderes religiosos por curar al cojo, acudieron a sus propios amigos. *"Y puestos en libertad, vinieron a los suyos y contaron todo lo que los principales sacerdotes y los ancianos les habían dicho"* (Hechos 4:23). Los apóstoles se apoyaron en sus hermanos y hermanas en los momentos difíciles. Aunque algunos vean en la pérdida una excusa para huir de la casa de Dios, deberíamos acudir a la iglesia aún más cuando nos enfrentamos a una tragedia.

Él adoró. Otro hombre de Dios, Job, hizo lo mismo cuando perdió a su familia. *"Entonces Job se levantó, y rasgó su manto, y rasuró cabeza, y se postró en tierra y adoró"* (Job 1:20). Parte del duelo tanto para David como para Job fue adorar a Dios. Podríamos preguntarnos: "¿Cómo puede alguien adorar en medio de un momento tan difícil?". Por favor, recuerde que, en tiempos de pérdida, nos rendiremos a Dios o lo calumniaremos. Si no adoramos, nos amargaremos, y nuestro corazón se endurecerá hacia el Señor.

Comió. David ayunó durante siete días cuando el niño estuvo enfermo, pero luego se sentó a comer. A veces, cuando experimentamos una pérdida, perdemos el apetito por la Palabra de Dios. Se siente soso y aburrido leerla. La falta de deseo de hacer cualquier cosa, incluyendo leer la Palabra de Dios, es normal, pero permanecer en ese estado es peligroso. Debemos alimentarnos a la fuerza con la Palabra de Dios. El apetito crece al comer. *"Él respondió y dijo: Escrito está: No sólo de pan vivirá* *el hombre, sino de toda palabra que sale de la boca de Dios"* (Mateo 4:4). Vivimos de las palabras que salen de la boca de Dios. Dios habla cuando leemos la Biblia. La Palabra de Dios es alimento espiritual para el alma cansada y sanidad para el corazón roto. En tiempos de pérdida, puede ser tentador leer la Biblia para encontrar respuestas, pero lo más probable es que, en lugar de respuestas, Dios traiga fortaleza a nuestras almas mientras leemos Su Palabra.

Él consoló a Betsabé. Dios nos trae Su consuelo para poder llevarlo a otros a través de nosotros. El consuelo de Dios debe ser compartido. Debemos ser canales de ese consuelo, no botellas de él. *"El cual nos consuela en todas nuestras tribulaciones, para que podamos también nosotros consolar a los que están en cualquier tribulación, por medio de la consolación con que nosotros somos consolados por Dios"* (2 Corintios 1:4). Dios nos consuela para que podamos consolar a otros. Eso es lo que hizo David. El consuelo que recibió de la presencia de Dios, lo compartió con Betsabé.

Por la Fe Entendemos

En tiempos de pérdida es importante confiar en Dios, incluso cuando no podemos rastrearlo. Cuando parece que no podemos entender lo que está pasando, nuestra confianza debe estar en Dios. Dios nos invita a confiar en Él, no en nuestro propio entendimiento. *"Fíate de JEHOVÁ de todo tu corazón, y no te apoyes en tu propia prudencia"* (Proverbios 3:5). Confiar en su propio entendimiento es apoyarse en su propia capacidad para darle sentido a todo. Eso es muy peligroso.

Nuestro entendimiento puede ser iluminado por el Señor u oscurecido por el enemigo (véase Efesios 1:18; 4:18). Cuando confiamos en Dios, incluso cuando no lo entendemos del todo, encontraremos una paz que sobrepasa todo entendimiento (véase Filipenses 4:7). Los caminos de Dios son más elevados que nuestros caminos; Sus caminos están más allá de que podamos descubrirlos (véase Romanos 11:33; Isaías 55:9).

Al principio, puede parecer una fe ciega, pero la fe no es ciega si ve a Dios. Nuestro entendimiento es lo que puede estar ciego porque puede ser oscurecido por el enemigo. Aunque la Biblia nos dice que amemos al Señor con toda nuestra mente (véase Mateo 22:37), no debemos elevar nuestro entendimiento al lugar de un dios. Nuestra mente, nuestra razón y nuestra capacidad de entender deben inclinarse ante la Palabra de Dios, no al revés.

Confiar en Dios no significa que apaguemos nuestro cerebro. Nuestra mente es importante, pero no debe controlarnos; más bien, debe servirnos. Dios es nuestro Maestro. Aceptamos muchas cosas de Dios por fe, no por comprensión o razonamiento. Todavía no entiendo cómo una vaca marrón puede comer pasto verde y producir leche blanca. Pero bebo leche, a pesar de mi falta de comprensión. Nuestra fe en Dios ilumina nuestro entendimiento. En lugar de que nuestra mente eduque nuestra fe; es nuestra fe la que debe educar nuestra mente.

> *Por la fe entendemos haber sido constituido el universo*
> *por la palabra de Dios, de modo que lo que se ve fue*
> *hecho de lo que no se veía*
> (Hebreos 11:3).

Señor, Enséñanos a Orar

L a oración es fundamental para los cristianos, pero muchos creyentes no saben qué hacer al orar. ¿Se está preguntando cómo orar o por qué orar? Usted no está solo. Los discípulos le hicieron la misma pregunta a Jesús. Aunque el capítulo sobre la oración de este libro es más bien una inspiración, el apéndice contiene instrucciones prácticas.

¿Qué es una oración?

Redefinamos primero la oración. La oración es un grito, una conversación y una confrontación. Según Mateo 7:7, la oración tiene que tener tres partes: pedir, buscar y llamar. Pedir tiene que ver con presentar nuestras peticiones: es cuando pedimos por nuestras necesidades. Buscar se refiere a la devoción: es cuando buscamos la presencia de Dios. Llamar se ocupa de la intercesión: es decir, cuando oramos por los demás. La oración es como un triángulo formado por tres esquinas. Me parece que mucha gente no da cabida a todos estos ángulos en la oración. Por lo tanto, sus oraciones no son muy eficaces. Nuestra oración debe ser espontánea y estratégica al mismo tiempo.

¿A quién le oramos?

No oramos a María o a los santos. Oramos a Dios. Al hablar de la oración, Jesús se centró más en a quién se dirige la oración que en cómo debe hacerse. Enseñó a los discípulos a orar "Padre Nuestro". Nos dijo que la oración se refiere al Padre, no a una fórmula. Somos hijos de Dios; Él es nuestro Padre. Somos la esposa de Jesús; Él es nuestro Esposo. Somos amigos de Dios; Él es nuestro Amigo. Esta conversación entre Él y nosotros debería ser natural.

Sin embargo, hay algo que quiero abordar. La sana teología bíblica nos enseña a orar al Padre Dios por medio del nombre del Señor Jesucristo y por el poder y la vivificación del Espíritu Santo. Jesús también nos dice que oremos al Padre en Su nombre:

> *"…para que todo lo que pidiereis al Padre en Mi nombre, Él os lo dé"*
>
> (Juan 15:16).

> *"Y todo lo que pidiereis al Padre en Mi nombre, lo haré, para que el Padre sea glorificado en el Hijo. Si algo pidiereis en Mi nombre, Yo lo haré"*
>
> (Juan 14:13-14).

Ahora bien, el Espíritu Santo también entra en escena cuando se trata de la oración:

> *"Y de igual manera el Espíritu nos ayuda en nuestra debilidad; pues qué hemos de pedir como conviene,*

no lo sabemos, pero el Espíritu mismo intercede por
nosotros con gemidos indecibles"

(Romanos 8:26).

El Espíritu Santo es su compañero de oración.

¿Debería orar en voz alta?

John Bunyan dijo: "Cuando oréis, preferid que vuestros corazones carezcan de palabras que vuestras palabras carezcan de
corazón". Aunque me encanta esta cita y aprecio el corazón
que hay detrás de ella, quiero decir que la oración es más que
un pensamiento, es una comunicación de ese pensamiento. La
Biblia menciona oraciones silenciosas. El siervo de Abraham
habló con Dios en su corazón (Génesis 24:45). Ana habló con
Dios en su corazón (1 Samuel 1:10-15). Dios, que ve el corazón,
puede oír los pensamientos.

Sin embargo, también existe una clara instrucción bíblica de
hacer que nuestras oraciones sean vocales. Esto no significa que
tengamos que gritar o agarrar un micrófono. El Salmo 4:3 dice:
"JEHOVÁ oirá cuando yo a Él clamaré". Clamar es vocal. En otro
lugar dice: *"Oh JEHOVÁ, Dios de mi salvación, día y noche clamo*
delante de Ti. Llegue mi oración a Tu presencia; inclina Tu oído a mi
clamor" (Salmo 88:1-2). El clamor no suele ser de corazón, sino
verbal. *"Tarde, mañana y a mediodía oraré y clamaré, y Él oirá mi*
voz" (Salmo 55:17). Ahora bien, no se trata sólo de clamar, sino
de clamar en voz alta. En Isaías 24:14 se habla de personas que
alzan su voz y claman en voz alta.

Hay más ejemplos de esto en la Biblia:

- Los hijos de Israel en la esclavitud clamaron al Señor (Éxodo 2:23-24). Moisés clamó al Señor pidiendo ayuda milagrosa (Éxodo 15:25).

- Samuel clamó al Señor (1 Samuel 7:8-9). David clamó al Señor (Salmo 138:3).

- Jonás clamó al Señor (Jonás 2:1-2).

- Bartimeo clamó a Jesús para que le curara de su ceguera (Marcos 10:46-52).

De hecho, cuando la gente le dijo a Bartimeo que se callara, él gritó aún más fuerte. Las oraciones en voz alta no molestan a Jesús, pero podrían irritar a algunos de Sus seguidores.

Jesús usó Su voz en Sus oraciones al Padre. Dice en Juan 17:1 que Él *"levantando los ojos al cielo, dijo"*. Así como en Lucas 23:46 que Jesús *"clamando a gran voz…"*

Los Apóstoles *"alzaron unánimes la voz a Dios"* (Hechos 4:24), En otro caso, Esteban *"puesto de rodillas, clamó a gran voz"* (Hechos 7:59-60).

Quiero animarle a practicar tanto la oración en silencio como la oración en voz alta. Su boca habla de la abundancia del corazón. Así que deje que su boca hable. Además, Jesús nos instruyó a "decir" nuestras oraciones:

> *Y les dijo: Cuando oréis, decid…*
> (Lucas 11:2).

El Señor no sólo nos dijo que pensáramos nuestras oraciones, sino que las dijéramos. Hay muchas promesas también para aquellos que claman a Dios en oración:

Los ojos de JEHOVÁ están sobre los justos, y atentos
Sus oídos al clamor de ellos

(Salmo 34:15).

Clama a Mí, y Yo te responderé, y te enseñaré cosas
grandes y ocultas que tú no conoces

(Jeremías 33:3).

¿Debería orar por la mañana o por la noche?

La respuesta breve es orar siempre, sin cesar. Aunque debemos vivir en comunión constante con el Señor, también debemos priorizar los momentos de oración. Es la diferencia entre la devoción y los devocionales. Devoción es su vida entregada a Jesús, pero un devocional es el tiempo que usted pasa con Él. A algunos les gusta llamarlo tiempo de silencio, de quietud, o tiempo de oración. Soy más una persona de oración matutina, siempre lo he sido, y veo mucha evidencia de oraciones matutinas, pero la Biblia también menciona oraciones en la noche.

Cuando se trata de oraciones matutinas, he aquí algunas de mis razones: Abraham se levantó muy de mañana para ofrecer a Isaac (Génesis 22:3). Moisés se levantó temprano en la mañana para construir un altar (Éxodo 24:4).

David dijo que Dios escucharía su voz por la mañana (Salmo 5:3). Dios dio maná a Israel por la mañana (Éxodo 16:12).

Dios ordenó a los sacerdotes que pusieran fuego en el altar cada mañana (Levítico 6:12).

Jesús oró por la mañana (Marcos 1:35).

La oración de la mañana prioritiza a Dios al comenzar su día. Desarrolla disciplina en su vida. Me gusta lo que John Bunyan dijo sobre la oración matutina: "Quien huye de Dios por la mañana difícilmente lo encontrará al final del día; tampoco, quien comienza con el mundo y sus vanidades, en primer lugar, será muy capaz de caminar con Dios todo el resto del día. El que encuentra a Dios en su lugar secreto llevará el sabor de Él a su casa, a su tienda y a su conversación más abierta".

E.M. Bounds es el apóstol de la oración; sus libros sobre la oración impactaron a muchos hombres y mujeres de Dios. Esto es lo que dijo sobre la oración matutina: "Los hombres que más han hecho por Dios en este mundo han estado desde temprano en sus rodillas... El que desperdicia la mañana temprano, con su oportunidad y frescura, en otras cosas que no sean buscar a Dios, avanzará poco en su búsqueda el resto del día. Si Dios no es lo primero en nuestros pensamientos y esfuerzos por la mañana, estará en el último lugar el resto del día".

Si usted quiere construir una vida de oración consistente, comience temprano en la mañana y prepárese para ello yéndose a dormir más temprano. Dios no quiere que ore como un zombi estando privado de sueño.

Ahora, en lo que respecta a las oraciones vespertinas y en la noche, Jesús oró toda la noche, pero no todo el tiempo. Después de esa oración de toda la noche, Él escogió a Sus discípulos. Una vez después de un día completo de ministerio Jesús subió a orar por la noche, solo puedo imaginar lo agotador que fue eso para el cuerpo. Pero después de esa oración Él caminó sobre el agua hacia Sus discípulos. No estoy diciendo que si ora toda la noche caminará sobre el agua, pero seguramente verá un cambio en su vida.

Jacob luchó con Dios por la noche y nunca volvió a caminar de la misma manera (véase Génesis 32:22-31). Seré honesto, no practico oraciones nocturnas ni hago oraciones durante toda la noche todos los días. De vez en cuando lo hago, y traen un nivel diferente de avance. La oración durante toda la noche es más como un entrenamiento donde se empieza a sentir el ardor. Puede quedarse sin cosas para orar después de una o dos horas, el cuerpo comienza a apagarse, pero si continúa y presiona, llega una ola de la gloria de Dios, viene la claridad, y se establece una conexión más profunda con el Señor. ¡Inténtelo de vez en cuando!

Los siguientes versículos hablan de la oración de noche y día.

Que Tus ojos estén abiertos sobre esta casa de día y de noche, sobre el lugar del cual dijiste: Mi nombre estará allí; que oigas la oración con que tu siervo ora en este lugar

(2 Crónicas 6:20).

Sobre tus muros, oh Jerusalén, He puesto guardas; todo el día y toda la noche no callarán jamás. Los que os acordáis de JEHOVÁ, no reposéis, ni le deis tregua, hasta que restablezca a Jerusalén, y la ponga por alabanza en la tierra

(Isaías 62:6-7).

Oh Jehová, Dios de mi salvación, día y noche clamo delante de Ti

(Salmo 88:1).

Y era viuda hacía ochenta y cuatro años; y no se apartaba del templo, sirviendo de noche y de día con ayunos y oraciones

(Lucas 2:37).

Orando de noche y de día con gran insistencia, para que veamos vuestro rostro, y completemos lo que falte a vuestra fe?

(1 Tesalonicenses 3:10).

Mas la que en verdad es viuda y ha quedado sola, espera en Dios, y es diligente en súplicas y oraciones noche y día

(1 Timoteo 5:5).

Doy gracias a Dios, al cual sirvo desde mis mayores con limpia conciencia, de que sin cesar me acuerdo de ti en mis oraciones noche y día

(2 Timoteo 1:3).

¿Cuál debe ser mi postura física en la oración?

La postura más común es la de arrodillarse. Daniel oraba arrodillado (Daniel 6:10). Esteban oró de rodillas (Hechos 7:60). Pedro oró arrodillado (Hechos 9:40). Pablo oró de rodillas (Hechos 20:36; 21:5; Efesios 3:14-16).

Cuando se trata de orar, la postura del corazón es lo más importante. Pero vemos a David sentado en oración (2 Samuel

7:18). Jesús hablaba de estar de pie en oración (Marcos 11:25). Otra postura es mirando al suelo, Jesús oró así en el huerto de Getsemaní (Mateo 26:39).

Podemos levantar nuestras manos en oración (véase 1 Timoteo 2:8). Así como levantar los ojos al cielo como hizo Jesús cuando oró (Juan 17:1). Elías oró colocando su rostro entre sus rodillas (1 Reyes 18:42). Puede que eso no sea cómodo ni posible para algunos. Un recaudador de impuestos se golpeó el pecho durante la oración, pero eso fue más por profunda tristeza y arrepentimiento (Lucas 18:13). Probablemente no sea una fórmula que debamos imitar.

¿Dónde debo orar?

¡Podemos orar en cualquier lugar! Los hombres de Dios en el Antiguo Testamento tenían altares donde oraban a Dios. Noé, Abraham, Jacob, Moisés, Josué, Gedeón, Samuel, David, Salomón e incluso Elías oraban en el altar. Más adelante en la Biblia, ¡la gente oraba en los templos! Por eso nos referimos a nuestro lugar de oración como altar. Esto no significa que tengamos que construir un altar real en nuestra sala de oración.

Jesús es nuestro modelo. Él oraba en el desierto (Lucas 5:16), en una montaña (Lucas 6:12-13), en un jardín (Mateo 26:36-56) o en cualquier lugar solitario (Marcos 1:35). Jesús nos dijo que fuéramos a nuestra habitación a orar (Mateo 6:6). Cualquier lugar que elijamos donde queramos hablar con Dios, ese es el altar.

Quiero que noten que Jesús dijo que fuéramos a un aposento a orar. El no dijo solamente abre tus ojos en tu cama bajo cobijas calientitas y habla con Dios. Aunque Dios puede escuchar cualquier oración, algo sucede cuando usted sale de su cama, encuentra un lugar tranquilo y pasa tiempo con Él sin distracciones.

Como cristianos, también se nos dice que nos reunamos con otros para orar. Por eso la casa de Dios se llama casa de oración (Mateo 21:13). Los primeros creyentes que esperaban la venida del Espíritu Santo se reunieron para orar (Hechos 1:14). A algunas personas no les gusta la oración colectiva y oran sólo en privado. La Biblia nos instruye a hacer ambas cosas. Aquí hay algunos versículos acerca de orar con otros.

Otra vez os digo, que si dos de vosotros se pusieren de acuerdo en la tierra acerca de cualquiera cosa que pidieren, les será hecho por Mi Padre que está en los cielos

(Mateo 18:19).

Todos estos perseveraban unánimes en oración y ruego, con las mujeres, y con María la madre de Jesús, y con Sus hermanos

(Hechos 1:14).

Y ellos, habiéndolo oído, alzaron unánimes la voz a Dios, y dijeron: Soberano Señor, Tú eres el Dios que hiciste el cielo y la tierra, el mar y todo lo que en ellos hay

(Hechos 4:24).

¿Qué debo decir en la oración?

Esta es probablemente la pregunta más frecuente. ¿Al respecto de qué debo orar? Mi instructor en el seminario nos dio la sigla GACOP para orar. G de gratitud. A de adoración, C de confesión, O para orar por otros y P para asuntos personales. Estas son algunas buenas pautas que puede seguir para su tiempo de oración. Esto no significa que tenga que hacerlo rígidamente, siguiendo estos puntos. Está bien ser espontáneo y sistemático al mismo tiempo.

Agradeciendo a Dios por lo que hizo por usted.

> *Orad sin cesar. Dad gracias en todo, porque esta es la voluntad de Dios para con vosotros en Cristo Jesús*
> (1 Tesalonicenses 5:17-18).

Alabe a Dios por quien Él es.

> *Así que, ofrezcamos siempre a Dios, por medio de Él, sacrificio de alabanza, es decir, fruto de labios que confiesan Su nombre*
> (Hebreos 13:15).

Confiese sus pecados.

Si confesamos nuestros pecados, Él es fiel y justo para perdonar nuestros pecados, y limpiarnos de toda maldad

(1 Juan 1:9).

Pídale Dios lo que necesite.

Pedid, y se os dará; buscad, y hallaréis; llamad, y se os abrirá

(Mateo 7:7-11).

Interceda por otros.

Exhorto ante todo, a que se hagan rogativas, oraciones, peticiones y acciones de gracias, por todos los hombres

(1 Timoteo 2:1).

Ore en lenguas.

Porque si yo oro en lengua desconocida, mi espíritu ora, pero mi entendimiento queda sin fruto

(1 Corintios 14:14).

Espere en el Señor.

Pero los que esperan a JEHOVÁ tendrán nuevas fuerzas; levantarán alas como las águilas; correrán, y no se cansarán; caminarán, y no se fatigarán
(Isaías 40:31).

Aguarda a JEHOVÁ; esfuérzate, y aliéntese tu corazón; sí, espera a JEHOVÁ
(Salmo 27:14).

Escuche a Dios.

Mis ovejas oyen Mi voz, y Yo las conozco, y Me siguen
(Juan 10:27).

Algunos otros modelos bíblicos de oración son "La Oración del Tabernáculo", "El Padre Nuestro", "La Oración de Guerra Espiritual", "La Oración de Jabes" y "Los Nombres de Dios". Aquí hay desgloses básicos de ellas:

La Oración del Tabernáculo (El Tabernáculo de Moisés sirve como modelo para la oración; puede encontrar su estructura en Éxodo 25, 27, 30.)

1. Altar de bronce - Agradezca a Dios por la Cruz.

2. Lavatorio - Pídale a Jesús que lo santifique.

3. Menorá - Pídale al Señor conocer al Espíritu Santo.

4. Pan de la proposición - Lea la Palabra de Dios.

5. Altar del incienso - Adore al Señor.

6. Propiciatorio - Interceda por los demás.

El Padre Nuestro (véase Mateo 6:9-13)

1. Padre Nuestro – Proclame quién es Él y quién es usted.

2. Santificado sea Tu Nombre - Adore Su Nombre.

3. Venga Tu Reino - Ore por Su agenda.

4. El Pan Nuestro de Cada Día, Dánoslo Hoy - Pida por peticiones personales.

5. Perdónanos Nuestras Deudas - Perdone a otros en oración.

6. No Nos Metas en Tentación - Presente sus debilidades a Dios.

7. Líbranos del Mal - Póngase la armadura de Dios.

8. Tuyo es el Poder – Exprese su Fe en la Capacidad de Dios.

La Oración de Guerra Espiritual (Esta oración repasa la armadura de Dios, basada en Efesios 6:11-18.)

1. El Cinturón - Creo en Tu verdad, ayúdame a vivir según la verdad.

2. La Coraza - Gracias por la justicia, ayúdame a vivir con rectitud.

3. El Calzado - Gracias por la paz, ayúdame a ser un embajador de Tu paz.

4. El Escudo - Confío en Tu palabra, mi corazón está protegido, resisto todo mal pensamiento.

5. El Yelmo - Te doy gracias por la salvación, rechazo toda mentira que ataque mi mente.

6. La Espada - Esconderé Tu palabra en mi corazón y la usaré como espada para derrotar las obras de las tinieblas.

La Oración de Jabes (Repasa la oración de Jabes - I Crónicas 4:9-10.)

1. "Oh, si me dieras bendición" - Orando por bendición.

2. "Y ensancharas mi territorio" - Pidiendo por influencia.

3. "Si Tu mano estuviera conmigo" - Buscando la presencia de Dios.

4. "Y me librarás del mal" - Pidiendo protección a Dios.

5. "Para que no me dañe" - Pidiendo a Dios que nos haga una bendición.

Los Nombres de Dios (véase Proverbios 18:10)

Jehová Jireh (Génesis 22:13-14) - El Señor, mi proveedor.
Jehová Rafa (Éxodo 16:26) - El Señor, mi Sanador.

Jehová Nisi (Éxodo 17:15) - El Señor, mi Estandarte.

Jehová M´Kaddesh (Éxodo 31:13) - El Señor, mi Santificador.
Jehová Salom (Jueces 6:24) - El Señor, mi Paz.

Jehová Rohi (Salmo 23:1) - El Señor, mi Pastor.

Jehová Sabaoth (Isaías 6:3) - El Señor de los Ejércitos (Mi Defensa). Jehová Tsidkenu (Jeremías 23:6) - El Señor, mi Justicia.

Jehová Sama (Ezequiel 48:35) - El Señor que está siempre presente.

Cómo Ayunar

Nuestro cuerpo humano fue diseñado por Dios para poder ayunar. ¿Sabe que cuando duerme, está ayunando? Por eso la primera comida del día se llama desayuno: es cuando rompe el ayuno. La investigación científica nos dice que cuando ayunamos se produce gran parte de la reparación en nuestro cuerpo. Así que hay buenas noticias, ya usted ha estado haciendo un tipo de ayuno secreto toda su vida.

¿Qué es el Ayuno?

El ayuno bíblico no es pasar hambre o una ausencia involuntaria de alimentos; es abstenerse de comer por razones espirituales. El ayuno no es una huelga de hambre, y no es una dieta (una dieta se centra en ayudarlo a perder peso), sino que el ayuno es una disciplina espiritual que lo acerca a Dios. El ayuno lo ayuda a encontrar la plenitud del llamado de Dios en su vida, así como a someter su carne con todos sus conflictos. Puede ayunar por diferentes motivos, como para superar problemas y desafíos, o para restablecer su hambre y pasión por Dios.

Tipos de Ayunos

Hay diferentes tipos de ayuno. Hay un **ayuno absoluto**, que consiste en no comer ni beber, a veces conocido como ayuno seco. Moisés realizó este tipo de ayuno durante 40 días, prácticamente seguidos, y fue sobrenatural (Éxodo 34:28). La ciudad de Nínive ayunó así durante tres días (Jonás 3:7), así como el apóstol Pablo tras su encuentro con el Señor (Hechos 9:9). Precaución: Esto NO debe llevarse a cabo durante más de tres días, y sólo se debe hacer si tiene una directiva clara del Señor y si tiene buena salud.

Otro ayuno se llama el **ayuno normal** o ayuno completo. Es aquel en el que no se come y sólo se bebe agua. Creemos que Jesús hizo este tipo de ayuno durante 40 días. La Biblia dice que no comió nada, pero no menciona que no bebiera nada: *"…y era tentado por el diablo. Y no comió nada en aquellos días, pasados los cuales, tuvo hambre."* Normalmente, si una persona de la Biblia no bebió nada durante su ayuno, las Escrituras lo señalan.

Un **ayuno parcial**, comúnmente conocido como el ayuno de Daniel, consiste en abstenerse de ciertos alimentos. Este ayuno suele incluir no comer carne, ni dulces, ni productos lácteos u otros alimentos agradables – sólo sopas, frutas y verduras. Este ayuno recibe su nombre del profeta Daniel: *"No comí manjar delicado, ni entró en mi boca carne ni vino, ni me ungí con ungüento, hasta que se cumplieron las tres semanas."* (Daniel 10:3). Para mí, éste es el ayuno más duro. Creo que nunca lo he hecho más de siete días porque no me gusta ayunar y pensar en la comida al mismo tiempo. Además, comer una comida entera y seguir sintiendo hambre es un reto más duro para mí que simplemente no comer.

El último tipo de ayuno es el **ayuno corporativo**. El ayuno privado debe hacerse en secreto, como instruyó Jesús en Mateo

6:16, pero también hay un ayuno público que es proclamado por los líderes. Hay algunos ejemplos bíblicos al respecto, como el del profeta Samuel, que convocó a toda una nación a un ayuno (1 Samuel 7:6); el de Ester, que convocó a su pueblo judío a un ayuno (Ester 4:16); el de Esdras, que proclamó un ayuno (Esdras 8:21-23); el del rey pagano de Nínive, que declaró un ayuno a su nación (Jonás 3:5); y el de los discípulos, quienes ayunaron y ministraron al Señor (Hechos 13:2-3).

Como recordatorio, debemos examinar nuestros corazones para que practicar periodos de ayuno y ser notados por el Señor, no por los ojos del hombre.

Cómo Ayunar

Fíjese un objetivo. Independientemente del tipo de ayuno que elija, debe tener un motivo y un objetivo. Sea específico. ¿Por qué quiere ayunar? ¿Quiere acercarse a Dios y ser más sensible al ámbito espiritual? ¿Necesita orientación en las decisiones de la vida, curación, restauración de su matrimonio, ayuda con los problemas familiares o sabiduría? ¿Se enfrenta a dificultades económicas? Pídale al Espíritu Santo que lo guíe. Decida el motivo de su ayuno y preséntelo continuamente a Dios en la oración.

Decida el tipo de ayuno. El tipo de ayuno que escoja queda entre usted y el Señor. Puede hacer un ayuno completo en el que sólo beba líquidos. Puede desear ayunar como Daniel, quien se abstuvo de dulces y carnes, y el único líquido que bebió fue agua. Preste atención a lo que el Espíritu Santo lo lleva a hacer y hágalo.

Elija la duración. Decida también cuánto tiempo va a ayunar. Recuerde que puede ayunar todo el tiempo que quiera, según lo guíe el Señor. Sea lo suficientemente cortés como para informar de sus planes de ayuno a quien le prepara las comidas o quien las comparte con usted. La mayoría de la gente puede ayunar fácilmente de 1 a 3 días, pero puede que sienta la gracia de Dios para ir más allá, incluso de 21 a 40 días. Usa la sabiduría y oración para recibir orientación. Se aconseja a los principiantes que comiencen poco a poco.

Planifique con antelación. Elija días que se ajusten a su horario, tenga en cuenta que puede sentirse más cansado. Cuando ayuna, su cuerpo elimina las toxinas de su sistema. Esto puede causar ligeras molestias, como dolores de cabeza e irritabilidad durante la abstinencia de la cafeína y los azúcares. Y, naturalmente, tendrá dolores de hambre. El hambre es un efecto secundario habitual de cualquier ayuno. Evitar el agua puede hacerle sentir aún más hambre, ya que el agua ayuda a aumentar la saciedad. Si no come alimentos ni bebe agua, su cuerpo empieza a anhelar combustible. Es probable que se sienta fatigado, mareado y débil. David dijo de su ayuno: *"Mis rodillas están debilitadas a causa del ayuno, y mi carne desfallece por falta de gordura"* (Salmo 109:24). Otra de las cosas que solemos sentir durante el ayuno es irritabilidad. A medida que el hambre se va acumulando, es normal que se sienta de mal humor. Los cambios de humor son bastante comunes. Además, cuando está cansado y hambriento, puede ser difícil concentrarse en los estudios o el trabajo. Así que limite su actividad, use el sentido común y haga ejercicio moderado. Tome tiempo para descansar.

Reserve un tiempo cada día para estar en paz con el Señor, meditar en Su Palabra y escribir lo que Él le diga. El ayuno produce resultados milagrosos. Usted está siguiendo el ejemplo de Jesús cuando ayuna. Dedique tiempo para escuchar música de alabanza y adoración. Lea y medite constantemente en la Palabra. Deje que las punzadas de hambre le recuerden que debe dejarlo todo y orar, y orar tan a menudo como pueda a lo largo del día. Aléjese de las distracciones normales en la medida de lo posible, y mantenga su corazón y su mente puestos en la búsqueda del rostro de Dios.

Tome la decisión de terminar el ayuno lentamente. Por supuesto, el tiempo que necesite para reanudar su dieta habitual dependerá del tipo de ayuno que haya hecho y de la duración del mismo. Si sólo ha sido un ayuno de un día, normalmente no hay ningún problema en reanudar la alimentación normal. Si es de más de tres días, debe empezar a comer alimentos sólidos muy gradualmente; come pequeñas porciones o bocadillos. Cuando llegue el momento de terminar el ayuno, comer alimentos sólidos demasiado pronto y/o comer en exceso puede ser extremadamente peligroso para su sistema digestivo.

Otros Libros

Sé Libre
Cómo Ser Libre y Mantenerte en Libertad

De la Creación a la Relación
Principios de Dios para Relacionarse, Salir y Casarse

Contrataca
Pasando de la Liberación al Dominio

 Ayunar para Avanzar

Acelera Tu Vida Espiritual a Través del Ayuno

 Hospeda Al Espiritu Santo

Disponible en todos los lugares donde se venden libros en versión de bolsillo, electrónica y audio. También puedes descargar un PDF gratuito en www.pastorvlad.org/books

Gracias por leer

Esperamos que este libro haya sido una bendición para usted. Para ayudarle a profundizar más, también ofrecemos una guía de estudio y un curso electrónico en videos que lo acompañan. ¡Estos recursos son ideales para discusiones semanales en grupos pequeños!

También ofrecemos planes de lectura en la aplicación de la Biblia YouVersion Bible para mejorar su estudio e integrar la Palabra de Dios en su vida diaria.

Si este libro fue una bendición para usted, ¿consideraría también dejar una reseña en Amazon o Goodreads y compartirlo en sus redes sociales? Su contribución será de gran ayuda para que otros descubran este libro y crezcan en su caminar con Dios.

Para más información y acceso a todos nuestros recursos, por favor visite pastorvlad.org.

Colabore con Nosotros

Vladimir Savchuk Ministries ofrece una serie de recursos bíblicos como cursos, vídeos, planes de lectura y libros que han sido traducidos a más de una docena de idiomas, todo de forma gratuita. También participamos en la asistencia humanitaria en todo el mundo, ayudando a los necesitados.

Nuestro deseo es que personas de todas las naciones puedan conocer acerca de Jesucristo y crecer en su caminar con Dios. ¿Consideraría ofrecer un donativo único o hacerse socio para ayudarnos a seguir proporcionando estos recursos gratuitos a personas de todo el mundo?

Creemos que todos deberían tener acceso a contenido bíblico gratuito, y sus donaciones y apoyo ayudan a hacerlo posible.

Para saber más sobre la visión y el impacto de nuestro ministerio, o para donar, visite pastorvlad.org/donate.

Notas Finales

1 *"Lista Mundial de la Persecución 2022. La persecución de los cristianos en el mundo. Datos clave, tendencias y recomendaciones".* Diciembre 2022, https://www.opendoorsus.org/persecution/wwl2022-advocacy-report

2 Vladimir Savchuk *Sé Lisbre, 2018, 151 (Versión inglés).*

3 C.S. Lewis, *El Problema del Dolor* (1940; repr., San Francisco: Harper San Francisco, 2001), 91 (Versión inglés).

4 Viktor E. Frankl *"El Hombre en Busca de Sentido, Gift Edition, 2015,* Beacon Press, 5

5 John Bunyan, Una Vida Santa; o, La Belleza del Cristianismo. De su original en inglés: A Holy Life; or, The Beauty of Christianity; Tomo 2, página 537.

6 Vladimir Savchuk, "La Carnada de Satanás", *Sé Libre*, 122-123

7 *Testimonio de Yonggi Cho.* Alcanzar Nuestra Nación. (*Yonggi Cho's Testimony.* Reach Our Nation. 10 May 2009), https://reachournation.blogspot.com/2009/05/yonggi-chos-testimony.html

8 *David Yonggi Cho y la Iglesia del Evangelio Pleno de Yoido (Yoido Full Gospel Church).* Centro de la Herencia Pentecostal de la Flor. 8 de septiembre 2022. (Flower Pentecostal Heritage Center. 8 September 2022), https://ifphc.wordpress.com/2022/09/08/david-yonggi-cho-and-yoido-full-gospel-church-the-story-behind-the-worlds-largest-church/ .

9 *David Yonggi Cho. Wikipedia.* https://en.wikipedia.org/wiki/David_Yonggi_Cho

10 Wamsley, Laura. *Juez Ordena al Chico que inició un Incendio Forestal en Oregón Pagar 36 Millones de Dólares en Restitución (Judge Orders Boy Who Started Oregon Wildfire To Pay $36 Million In Restitution).* NPR. 22 May 2018, https://www.npr.org/sections/thetwo-way/2018/05/22/613374984/

judge-orders-boy-who-started-oreg on-wildfire-to-pay-36-millio n-in-restitution.

11   Rascon, Matt, and R. Stickney. *La Pirómano del Incendio de Los Cocos Descubre su Destino en la Audiencia de Sentencia (Cocos Fire Arsonist Learns Fate at Sentencing Hearing).* NBC 7 San Diego, 28 May 2015, www.nbcsandiego.com/news/local/cocos-fire-arsonist-to-learn-fat e-at-sentencing-hearing/53811/.

12   Parrish, Michael. *Niño de 10 Años Provocó con Cerillas un Incendio Forestal en California (10-Year-Old with Matches Started a California Wildfire.* The New York Times, 1 November 2007, www.nytimes. com/2007/11/01/us/01wildfire.html.

13   Roberson, Dave. *El Caminar del Espíritu el Caminar de Poder: El Rol Vital de Orar en Lenguas. (The Walk of the Spirit the Walk of Power: The Vital Role of Praying in Tongues)* por Dave Roberson Ministries, 1999.

14   Nuestro Pan Diario, 29 de diciembre de 1993

15   Grupo, Edward Dc. "Las Etapas del Ayuno: ¿Qué le Sucede a Su Cuerpo Cuando Ayuna?" ("The Stages of Fasting: What Happens to Your Body When You Fast?") *Artículos Sobre la Vida Saludable,* 24 oct. 2021. *(Dr. Group´s Healthy Living Articles),* 24 Oct. 2021, explore. globalhealing.com/stages-of-fasting-what-happens-when-you-fast/.

16   Anson, R. Michel, y col. " El ayuno intermitente disocia los efectos beneficiosos de la restricción dietética sobre el metabolismo de la glucosa y la resistencia neuronal al daño de la Ingesta de Calorías" *Actas de la Academia Nacional de Ciencias.* ("Intermittent fasting disso-ciates beneficial effects of dietary restriction on glucose metabolism and neuronal resistance to injury from calorie intake*". Proceedings of the National Academy of Sciences,* vol 100, no. 10, 30 Abr.2003, pp. 6216-6220. https://doi.org/10.1073/pnas.1035720100

17   "Cómo el Ayuno Puede Beneficiar Su Salud Mental." ("How Fasting Can Benefit Your Mental Health") Editado por Dan Brennan, MD, *WebMD,* 25, Oct. 2021, www.webmd.com/diet/ psychological-benefits-of-fasting.

18   Grupo, Edward, DC. "Las Etapas del Ayuno: ¿Qué le Ocurre a Su cuerpo Cuando Ayuna?". ("The Stages of Fasting: What Happens to Your Body When You Fast?") *Dr. Group's Healthy Living Articles,* 24 oct. 2021, explore.globalhealing.com/ stages-of-fasting-what-happens-when-you-fast/

19   "¿Puede Usted Ayunar Si Tiene Diabetes?" (Can You Fast If You Have Diabetes?). Editado por Michael Dansinger, *WebMD,* 12 dic. 2022, www.webmd.com/diabetes/fasting-diabetes.

20 Berger, Matt. "Cómo el Ayuno Intermitente Puede Ayudar
    a Reducir la Inflamación". ("How Intermittent Fasting
    Can Help Lower Inflammation"). Editado por David Mills,
    Healthline, 22 ago. 2019, www.healthline.com/health-news/
    fasting-can-help-ease-inflammation-in-the-body.
21 PM; Tinsley GM;La Bounty. "Efectos del Ayuno Intermitente en
    la Composición Corporal y los Marcadores Clínicos de Salud en
    Humanos". ("Effects of Intermittent Fasting on Body Composition
    and Clinical Health Markers in Humans"). *Nutrition Reviews*, Oxford
    University Press, 2015, pubmed.ncbi.nlm.nih. gov/26374764/
22 Goodrick, C L y col. "Efecots de la Alimentación Intermitente
    sobre el Crecimiento y la Esperanza de Vida en Ratas." ("Effects
    of Intermittent Feeding upon Growth and Life Span in Rats").
    Gerontology, U.S. National Library of Medicine, 1982, pubmed.ncbi.
    nlm.nih. gov/7117847/
23 Lewis, C. S. *Mero Cristianismo (Mere Christianity)*. William
    Collins, 2012, 87
24 Elliot, Elisabeth. *Portales de Esplendor (Through the Gates of Splendor)*.
    Tyndale Momentum, 1981.
25 Chand, Samuel. *El Dolor del Liderazgo: Un Salón de Clases para el
    Crecimiento. (Leadership Pain: The Classroom for Growth)*, Thomas
    Nelson, 2015
26 Lewis, C.S. *Mero Cristianismo (Mere Christianity)*. HarperCollins, Kindle
    Edition, 134.

Printed in the USA
CPSIA information can be obtained
at www.ICGtesting.com
CBHW051120151124
17465CB00012B/551